Oliver Pach

Norwegisch Grundwortschatz
Deutsch | Norwegisch | Englisch

Thematischer Grundwortschatz
Enthält die 3000 relevantesten Wörter
Mit alphabetischer Wortsammlung

© 2017 Oliver Pach
ISBN: 978-3-74316594-6

Herstellung und Verlag:
BoD - Books on Demand, Norderstedt

Bibliografische Information der Deutschen Nationalbibliothek
Die Deutsche Nationalbibliothek verzeichnet diese Publikation in der Deutschen Nationalbibliografie; detaillierte bibliografische Daten sind im Internet über http://dnb.dnb.de abrufbar.

Vorwort

Hei hei!

herzlichen Glückwunsch. Sie haben sich entschieden Norwegisch zu lernen. Sie werden sicherlich jede Menge Spaß haben.

Norwegisch gehört wie Deutsch und Englisch zu den indogermanischen Sprachen und weist daher viele Ähnlichkeiten auf. Dieser thematische Grundwortschatz hilft Ihnen dabei, die Parallelen zwischen den Sprachen zu erkennen. Dadurch lernen Sie die Vokabeln viel effektiver.

Norwegen besitzt zwei offizielle Schriftsprachen: Nynorsk und Bokmål. In diesem Werk wurde Bokmål verwendet, da dies von 90% aller Norweger geschrieben wird.

Norwegisch hat genau wie Deutsch drei Artikel: en (m), ei (f) und et (n). Der weibliche Artikel ei verliert allerdings immer stärker an Bedeutung und so kann man stattdessen auch den männlichen Artikel en verwenden.

Alle Vokabeln sind am Ende in einer alphabetisch sortierten Wortsammlung aufgelistet, um Ihnen das Nachschlagen zu erleichtern.

Ich wünsche Ihnen nun viel Erfolg und vor allem viel Spaß mit Norwegisch!

Inhaltsverzeichnis Seite

1. **Körper & Medizin** 5
   Kropp & Medisin
   Body & Medicine

2. **Schule & Beruf** 15
   Skole & Yrke
   School & Profession

3. **Freizeit & Hobby** 25
   Fritid & Hobby
   Leisure & Hobby

4. **Wohnen** 31
   Bosted
   Living

5. **Familie & Privatleben** 36
   Familie & Privatliv
   Family & Private life

6. **Charakter & Gefühle** 40
   Karakter & Følelser
   Character & Feelings

7. **Ernährung** 46
   Ernæring
   Diet

8. **Kleidung & Einkauf**   52
   Klær & Innkjøp
   Clothes & Shopping

9. **Kunst & Literatur**   56
   Kunst & Litteratur
   Art & Literature

10. **Religion & Geschichte**   62
    Religion & Historie
    Religion & History

11. **Wirtschaft**   66
    Økonomi
    Economy

12. **Politik & Recht**   74
    Politikk & Rettighet
    Politics & Law

13. **Natur**   82
    Natur
    Nature

14. **Verkehr & Reise**   92
    Traffik & Reise
    Traffic & Journey

15. **Medien & Kommunikation**   98
    Media & Kommunikasjon
    Media & Commcunication

16. Zahlen, Zeit & Farben   **102**
    Taller, Tid & Farger
    Numbers, Time & Colours

17. Nationen   **112**
    Nasjoner
    Nations

18. Unregelmäßige Verben – Norwegisch   **115**

19. Alphabetisch sortierte Wortsammlung   **117**

1. Körper & Medizin
Kropp & Medisin
Body & Medicine

Deutsch	Norwegisch	Englisch
abhängig	avhengig	addicted
aktiv	aktiv	active
Alkohol, der	alkohol, en	alcohol
alkoholisch	alkoholholdig	alcoholic
Allergie, die	allergi, en	allergy
allergisch	allergisk	allergic
alt	gammel	old
Altersheim, das	aldershjem, et	retirement home
Anatomie, die	anatomi, en	anatomy
Apotheke, die	apotek, et	pharmacy
Appetit, der	appetitt, en	appetite
Arm, der	arm, en	arm
Arzt, Ärztin	lege, en	doctor
Atem, der	pust, en	breath
atmen	å puste	(to) breathe
aufhören	å slutte	(to) stop
aufstehen	å stå opp	(to) get up
aufwachen	å våkne	(to) weak up
aufwachsen	å vokse opp	(to) grow up
Auge, das	øye, et	eye
Ausschlag, der	utslett, et	rash

1. Körper & Medizin | Kropp & Medisin | Body & Medicine

Baby, das	baby, en	baby
Bakterie, die	bakterie, en	bacterium
Bart, der	skjegg, et	beard
Bauch, der	mage, en	stomach
Bauchschmerzen (plu)	magesmerter (plu)	stomach ache (plu)
beerdigen	å begrave	(to) bury
Beerdigung, die	begravelse, en	funeral
behandeln	å behandle	(to) treat
Behandlung, die	behandling, en/ei	treatment
Bein, das	bein, et	leg
beißen	å bite	(to) bite
beobachten	å iaktta	(to) observe
berühren	å berøre	(to) touch
Berührung, die	berøring, en/ei	touch
Beschwerde, die	beklagelse, en	complaint
besser	bedre	better
betrunken	drukken	drunk
bewegen	å bevege	(to) move
Bewegung, die	bevegelse, en	movement
bewusstlos	bevisstløs	unconscious
bleiben	å bli	(to) last
blind	blind	blind
Blut, das	blod, et	blood
Blutdruck, der	blodtrykk, et	blood pressure
bluten	å blø	(to) bleed
Brille, die	briller (plu)	glasses (plu)
bringen	å bringe	(to) bring

1. Körper & Medizin | Kropp & Medisin | Body & Medicine

Brust, die	bryst, et	breast
Chirurg, der	kirurg, en	surgeon
Darm, der	tarm, en	bowels
Depression, die	depresjon, en	depression
deprimiert	deprimert	depressed
Dickdarm, der	tykktarm, en	colon
Droge, die	stoff, et	drug
Dünndarm, der	tynntarm, en	small intestine
Durchfall, der	diaré, en	diarrhea
Dusche, die	dusj, en	shower
Entzündung, die	betennelse, en	inflammation
Erkältung, die	forkjølelse, en	cold
erkennen	å bli var	(to) recognize
Ernährung, die	ernæring, en/ei	diet
ernst	alvorlig	serious
erwachsen	voksen	adult
fahren	å kjøre	(to) drive
Faust, die	neve, en	fist
Fieber, das	feber, en	fever
finden	å finne	(to) find
Finger, der	finger, en	finger
folgen	å følge	(to) follow
Frau, die	dame, ei	woman
Friedhof, der	gravlund, en	graveyard
Friseur, der	frisør, en	hairdresser
fühlen	å føle	(to) feel
führen	å lede	(to) lead

1. Körper & Medizin | Kropp & Medisin | Body & Medicine

Fuß, der	fot, en	foot
Geburt, die	fødsel, en	birth
gehen	å gå	(to) go
Gehirn, das	hjerne, en	brain
Gelenk, das	ledd, et	joint
Geruch, der	lukt, en	smell
Geschlecht, das	kjønn, et	sex
Geschmack, der	smak, en	taste
Gesicht, das	ansikt, et	face
gesund	frisk	healthy
Gesundheit, die	helse, en	health
Gewohnheit, die	hevd, en	habit
Gips, der	gips, en	cast
Haar, das	hår, et	hair
Hand, die	hånd, en	hand
Handtuch, das	håndkle, et	towel
hart	hård	hard
Haut, die	hud, en	skin
Hebamme, die	jordmor, en/ei	midwife
heilen	å hele	(to) heal
heiß	het	hot
Heroin, das	heroin, en	heroin
Herz, das	hjerte, et	heart
Herzschlag, der	hjerteslag, et	heartbeat
heterosexuell	heteroseksuell	heterosexual
holen	å hente	(to) get
homosexuell	homoseksuell	homosexual

1. Körper & Medizin | Kropp & Medisin | Body & Medicine

hören	å høre	(to) hear
Hüfte, die	hofte, en/ei	hip
husten	å hoste	(to) cough
Infektion, die	infeksjon, en	infection
jung	ung	young
Junge, der	gutt, en	boy
kalt	kald	cold
kauen	å gomle	(to) chew
Kind, das	barn, et	child
Kinn, das	hake, en/ei	chin
Klinik, die	klinikk, en	clinic
Knie, das	kne, et	knee
Knochen, der	ben, et	bone
Knochenbruch, der	brokk, en	fracture
Kokain, das	kokain, en	cocaine
kommen	å komme	(to) come
Kondition, die	kondisjon, en	fitness
Kondom, das	kondom, et	condom
Kopf, der	hode, et	head
Kopfschmerzen (plu)	hodepine, en	headache
Körper, der	kropp, en	body
körperlich	korporlig	physical
Krampf, der	krampe, en	cramp
krank	syk	ill
Krankenhaus, das	sykehus, et	hospital
Krankenversicherung, die	syketrygd, en/ei	health insurance

1. Körper & Medizin | Kropp & Medisin | Body & Medicine

Krankenwagen, der	ambulanse, en	ambulance
Krebs, der	cancer, en	cancer
Krücke, die	krykke, en/ei	crutch
Kuss, der	kyss, et	kiss
küssen	å kysse	(to) kiss
Lärm, der	bråk, et	noise
laufen	å løpe	(to) walk
laut	støyende	loud
leben	å leve	(to) live
Leben, das	liv, et	life
Leber, die	lever, en	liver
Leiche, die	lik, et	corpse
leiden an	å lide av	(to) suffer from
lesbisch	lesbisk	lesbian
Liebe, die	kjærlighet, en/ei	love
lieben	å elske	(to) love
Lunge, die	lunge, en	lungs
Mädchen, das	jente, ei	girl
Mann, der	mann, en	man
männlich	mannlig	male
Marihuana, das	marihuana, en	marihuana
Massage, die	massasje, en	massage
Medikament, das	legemiddel, et	medicine
Medizin, die	medisin, en	medicine
medizinisch	medisinsk	medical
Mensch, der	menneske, et	man
menschlich	menneskelig	human

1. Körper & Medizin | Kropp & Medisin | Body & Medicine

müde	søvnig	tired
Mund, der	munn, en	mouth
Muskel, der	muskel, en	muscle
Mutter, die	mor, ei	mother
Nacken, der	nakke, en	neck
nackt	naken	naked
Nase, die	nese, en	nose
natürlich	naturlig	natural
nehmen	å ta	(to) take
Nerv, der	nerve, en	nerve
normal	normal	normal
Notfall, der	nødstilfelle, et	emergency
nüchtern	edru	sober
Ohnmacht, die	besvimelse, en	faint
Ohr, das	øre, et	ear
Operation, die	operasjon, en	operation
operieren	å operere	(to) operate on
Organ, das	organ, et	organ
Partner(in)	partner, en	partner
Patient(in)	pasient, en	patient
Penis, der	penis, en	penis
Person, die	person, en	person
Pflaster, das	plaster, et	plaster
Pflege, die	pleie, en	care
Prothese, die	protese, en	prothesis
Pubertät, die	pubertet, en	puberty
rauchen	å røyke	(to) smoke

1. Körper & Medizin | Kropp & Medisin | Body & Medicine

rennen	å renne	(to) run
retten	å redde	(to) save
Rezept, das	resept, en	recipe
riechen	å lukte	(to) smell
Rollstuhl, der	rullestol, en	wheelchair
ruhig	sakte	quiet
sauber	ren	clean
schlafen	å sove	(to) sleep
schlagen	å slå	(to) hit
schlecht, übel	dårlig	nasty
schlucken	å sluke	(to) swallow
schmecken	å smake	(to) taste
schmerzen	å gjøre vondt	(to) hurt
schmutzig	skitne	dirty
schneiden	å skjære	(to) cut
Schock, der	sjokk, et	shock
Schulter, die	skulder, en	shoulder
Schutz, der	beskyttelse, en	protection
schwach	svak	weak
schwanger	gravid	pregnant
Schwangerschaft, die	graviditet, en	pregnancy
Schweiß, der	svette, en	sweat
schwindelig	svimmel	dizzy
schwitzen	å svette	(to) sweat
schwul	skjev	gay
seelisch	psykisk	psychological
sehen	å se	(to) see

1. Körper & Medizin | Kropp & Medisin | Body & Medicine

Seife, die	såpe, en/ei	soap
sich beeilen	å forte seg	(to) hurry up
sich drehen	å vende	(to) turn
Sinn, der	sans, en	sense
sitzen	å sitte	(to) sit
Skelett, das	skjelett, et	skeleton
Speiseröhre, die	spiserør, et	gullet
springen	å hoppe	(to) jump
Spritze, die	sprøyte, en/ei	injection
stark	sterk	strong
stehen	å sta	(to) stand
steif	stiv	stiff
sterben	å dø	(to) die
Stress, der	stress, et	stress
suchen	å lete	(to) search
Tabak, der	tobakk, en	tobacco
Tablette, die	tablett, en	pill
taub	døv	deaf
Termin, der	termin, en	appointment
Tod, der	død, en	death
tot	død	dead
Traum, der	drøm, en	dream
träumen	å drømme	(to) dream
Ultraschall, der	ultralyd, en	ultrasound
untersuchen	å befare	(to) examine
Vagina, die	vagina, en	vagina
Vater, der	far, en	father

1. Körper & Medizin | Kropp & Medisin | Body & Medicine

Vene, die	vene, en	vein
Verband, der	bandasje, en	bandage
verletzen	å skade	(to) hurt
verrückt	gal	crazy
wach	våken	awake
wahrnehmen	å merke	(to) perceive
warm	varm	warm
Warze, die	vorte, en/ei	wart
waschen	å vaske	(to) wash
weiblich	kvinnelig	female
weich	bløt	soft
weinen	å gråte	(to) cry
Wimper, die	øyevippe, en	eyelash
Wirbelsäule, die	virvelsøyle, en	backbone
Zahn, der	tann, en/ei	tooth
Zahnarzt/ -ärztin	tannlege, en	dentist
Zähne putzen	å pusse	(to) brush one's teeth
zeigen	å vise	(to) show
ziehen	å dra	(to) pull
Zigarette, die	sigarett, en	cigarette
Zunge, die	tunge, en/ei	tongue

2. Schule & Beruf
Skole & Yrke
School & Profession

Deutsch	Norwegisch	Englisch
Abteilung, die	avdeling, en/ei	department
addieren	å addere	(to) add
Agentur, die	agentur, et	agency
Aktiengesellschaft, die	aksjeselskap, et	corporation
Alphabet, das	alfabet, et	alphabet
Analyse, die	analyse, en	analysis
Angebot, das	tilbud, en	offer
Antwort, die	svar, et	answer
anwerben	å verve	(to) recruit
Arabisch	arabisk	Arabic
Arbeit, die	arbeid, et	work
arbeiten	å arbeide	(to) work
Arbeitgeber, der	arbeidsgiver, en	employer
Arbeitnehmer, der	arbeidstaker, en	employee
arbeitslos	arbeidsløs	unemployed
Arbeitslosigkeit, die	arbeidsløshet, en/ei	unemployment
Arbeitsmarkt, der	arbeidsmarked, et	job market
Arbeitsplatz, der	arbeidsplass, en	workplace
Arbeitsvertrag, der	arbeidskontrakt, en	contract of employment
Astronomie, die	astronomi, en	astronomy
Aufgabe, die	oppgave, en	task
Aufsatz, der	stil, en	essay

2. Schule & Beruf | Skole & Yrke | School & Profession

Ausbildung, die	opplæring, en/ei	training
ausgebildet	utdannet	trained
Auszeichnung, die	utmerkelse, en	honour
Bauer, der	bonde, en	farmer
Beamter, Beamtin	embetsmann, en	official
beenden	å avslutte	(to) end
befördern	å forfremme	(to) promote
befristet	tidsbegrenset	limited
beginnen	å begynne	(to) start
Beispiel, das	eksempel, et	example
Belegschaft, die	arbeidsstyrke, en	staff
belohnen	å belønne	(to) reward
Belohnung, die	belønning, en/ei	reward
berechnen	å beregne	(to) calculate
bereit	parat	ready
beschäftigen	å oppta	(to) employ
beschäftigt	opptatt	employed
bestrafen	å avstraffe	(to) punish
besuchen	å besøke	(to) visit
Bewerbung, die	søknad, en	application
Bezahlung, die	betaling, en/ei	payment
Bildung, die	dannelse, en	education
Biologie, die	biologi, en	biology
Bleistift, der	blyant, en	pencil
Briefträger(in)	postbud, et	postman
Buch, das	bok, en/ei	book
Buchstabe, der	bokstav, en	letter

2. Schule & Beruf | Skole & Yrke | School & Profession

Chef, der	sjef, en	head
Chemie, die	kjemi, en	chemistry
Chinesisch	kinesisk	Chinese
Dänisch	dansk	Danish
Deutsch	tysk	German
Dialog, der	dialog, en	dialogue
Disziplin, die	disiplin, en	discipline
Dozent(in)	dosent, en	lecturer
Einkommen, das	inntekt, en/ei	income
einstellen	å ansette	(to) employ
Englisch	engelsk	English
entdecken	å oppdage	(to) discover
Entdeckung, die	oppdagelse, en	discovery
entlassen	å avskjedige	(to) dismiss
erfahren	dreven	experienced
Erfindung, die	oppfinnelse, en	invention
ergänzen	å utfylle	(to) fill in
Ergebnis, das	resultat, et	result
erhöhen	å forhøye	(to) raise
ermutigen	å oppmuntre	(to) encourage
erzählen	å fortelle	(to) tell
Experiment, das	eksperiment, et	experiment
experimentieren	å eksperimentere	(to) experiment
Fähigkeit, die	evne, en/et	skill
Fakultät, die	fakultet, et	faculty
falsch	feil	wrong
Fehler, der	feil, en	mistake

2. Schule & Beruf | Skole & Yrke | School & Profession

fördern	å fremme	(to) support
Forschung, die	forskning, en/ei	research
Frage, die	spørsmål, et	question
Französisch	fransk	French
freiberuflich	uavhengig	freelance
Freizeit, die	fritid, en/ei	leisure
Füller, der	fyllepenn, en	fountain pen
Gärtner(in)	gartner, en	gardener
Gebühr, die	avgift, en/ei	charge
Gedächtnis, das	minne, et	memory
Gefahr, die	fare, en	danger
gefährlich	farlig	dangerous
gehorchen	å adlyde	(to) obey
Geisteswissenschaften (plu)	humaniora (plu)	arts (plu)
Gelegenheit, die	mulighet, en/ei	opportunity
Geografie, die	geografi, en	geography
Geschäftsleitung, die	direksjon, en	management
Geschichte, die	historie, en	history
Gewerkschaft, die	fagforening, en/ei	labour union
Griechisch	gresk	Greek
Grundschule, die	grunnskole, en	primary school
Hausmeister(in)	vaktmester, en	caretaker
helfen	å hjelpe	(to) help
Hochschule, die	høyskole, en	college
höflich	høflig	polite
ignorieren	å ignorere	(to) ignore
Informatik, die	informatikk, en	computer science

2. Schule & Beruf | Skole & Yrke | School & Profession

Inhaber, der	innehaver, en	owner
Institution, die	institusjon, en	institution
Instrument, das	instrument, et	instrument
Internat, das	internatskole, en	boarding school
Italienisch	italiensk	Italian
Japanisch	japansk	Japanese
Kindergarten, der	barnehage, en	kindergarten
Klassenzimmer, das	klasserom, et	classroom
konzentrieren	å konsentrere	(to) concentrate
korrigieren	å rette	(to) correct
Kreide, die	kritt, et	chalk
kündigen	å avskjedige	(to) quit
Kündigung, die	oppsigelse, en	dismissal
Kunst(erziehung), die	kunstopplæring, en/ei	art
Labor, das	laboratorium, et	laboratory
Latein	latin, en	Latin
laut	høy	loud
Lebenslauf, der	levnetsløp, et	résumé
Lehrbuch, das	lærebok, en/ei	textbook
Lehre, die	lære, en/ei	apprenticeship
Lehrling, der	lærling, en	apprentice
leiten	å lede	(to) lead
lernen	å lære	(to) learn
lesen	å lese	(to) read
Lineal, das	linjal, en	ruler
loben	å prise	(to) praise
machen	å gjøre	(to) make

2. Schule & Beruf | Skole & Yrke | School & Profession

markieren	å markere	(to) mark
Mathematik, die	matematikk, en	math
Mensa, die	matsal, en	refectory
Methode, die	metode, en	method
Mindestlohn, der	minstelønn, en/ei	minimum wage
mündlich	muntlig	oral
Musik, die	musikk, en	music
Muster, das (Probe)	prøve, en	sample
Nachteil, der	bakside, en	disadvantage
Naturwissenschaft, die	naturvitenskap, en	natural sciences
Nebenjob, der	sidejobb, en	second job
Niveau, das	nivå, et	quality
Norwegisch	norsk	Norwegian
Note, die	karakter, en	mark
notieren	å skrive ned	(to) write down
Notiz, die	notat, et	note
Öffnungszeiten (plu)	åpningstider (plu)	opening hours (plu)
Papier, das	papir, et	paper
Pause, die	pause, en	break
Personal, das	personale, et	staff
Persönlichkeit, die	personlighet, en/ei	personality
Philosophie, die	filosofi, en	philosophy
Physik, die	fysikk, en	physics
Praktikum, das	praksis, en	internship
Problem, das	problem, et	problem
Professor, der	professor, en	professor
profitieren	å nyte godt av noe	(to) make a profit

2. Schule & Beruf | Skole & Yrke | School & Profession

Projekt, das	prosjekt, et	project
Prüfung, die	eksamen, en	exam
Psychologie, die	psykologi, en	psychology
Punkt, der	punkt, et	point
Qualifikation, die	kvalifikasjon, en	qualification
Radiergummi, das	viskelær, et	rubber
Rechnung, die	regning, en/ei	bill
Religionslehre, die	religionsundervisning, en	religious education
Rente, die	alderstrygd, en/ei	pension
Rentner(in)	pensjonist, en	pensioner
richtig	riktig	right
Ruhestand, der	otium, et	retirement
Russisch	russisk	Russian
Schaden, der	skade, en	damage
Schicht, die	lag, et	shift
Schneider(in)	skredder, en	tailor
schreiben	å skrive	(to) write
schriftlich	skriftlig	written
Schulabschluss, der	eksamensbevis, et	high school diploma
Schule, die	skole, en	school
Schüler(in)	elev, en	student
Schulferien, die	skoleferie, en	school holidays
Schuljahr, das	skoleår, et	school year
schummeln	å jukse	(to) cheat
Schwedisch	svensk	Swedish
schwierig	vanskelig	difficult
selbstständig	selvstendig	independent

2. Schule & Beruf | Skole & Yrke | School & Profession

Semester, das	semester, et	semester
sich bewerben	å søke	(to) apply
sich verbessern	å forbedre	(to) improve
sicher	sikker	safe
Sicherheit, die	sikkerhet, en/ei	safety
Sozialkunde, die	samfunnsfag, et	social studies
Spanisch	spansk	Spanish
Spezialist, der	spesialist, en	specialist
Sport, der	sport, en	sport
Sprache, die	språk, et	language
sprechen	å snakke	(to) speak
Stift, der	stift, en	pencil
Stipendium, das	stipend, et	scholarship
Strafe, die	straff, en	punishment
Streik, der	streik, en	strike
streiken	å streike	(to) strike
Student(in)	student, en	student
Studentenwohnheim, das	studenthjem, et	hall of residence
studieren	å studere	(to) study
Studium, das	studium, et	studies
Stundenplan, der	timeplan, en	schedule
subtrahieren	å subtrahere	(to) subtract
Summe, die	sum, en	sum
Tabelle, die	tabell, en	table
Tafel, die	tavle, en/ei	board
Talent, das	talent, et	talent
Technologie, die	teknologi, en	technology

2. Schule & Beruf | Skole & Yrke | School & Profession

Teilzeit-	deltid, en/ei	part-time
Thema, das	tema, et	topic
theoretisch	teoretisk	theoretical
Theorie, die	teori, en	theory
Tinte, die	blekk, et	ink
Tourismus, der	reiseliv, et	tourism
Trainer(in)	trener, en	coach
üben	å øve	(to) practice
übersetzen	å oversette	(to) translate
Übersetzung, die	oversettelse, en	translation
Übersicht, die	oversikt, en	overall view
Übung, die	trening, en/ei	exercise
unbefristet	permanent	permanent
Unfall, der	ulykke, en/ei	accident
ungelernt	ufaglært	unskilled
unhöflich	uhøflig	impolite
Uniform, die	uniform, en/ei	uniform
Universität, die	universitet, et	university
Unterhaltung, die	konversasjon, en	conversation
unterstreichen	å understreke	(to) underline
Unterstützung, die	støtte, en/ei	support
Urlaub, der	ferie, en	holiday
verantwortlich	ansvarlig	responsible
Verbesserung, die	forbedring, en/ei	improvement
verdienen	å tjene	(to) earn
verlangen	å kreve	(to) demand
verpflichtend	forpliktende	binding

2. Schule & Beruf | Skole & Yrke | School & Profession

verstehen	å forstå	(to) understand
Versuch, der	forsøk, et	experiment
verteilen	å distribuere	(to) distribute
Vollzeit-	fulltid, en/ei	full-time
Vorlesung, die	forelesning, en/ei	lecture
Vorlesung, die	forelesning, en/ei	lecture
Vorschrift, die	forskrift, en/ei	rule
Vorteil, der	fordel, en	advantage
Vortrag, der	foredrag, et	lecture
werden	å bli	(to) become
wiederholen	å gjenta	(to) repeat
wirksam	effektiv	effective
Wirtschaft, die	økonomi, en	economy
Wissen, das	kunnskap, en	knowledge
wissenschaftlich	vitenskapelig	scientific
Wörterbuch, das	ordbok, en/ei	dictionary
Wortschatz, der	ordforråd, et	vocabulary
Zentrum, das	sentrum, et	center
Zertifikat, das	sertifikat, et	certificate
zuhören	å høre på	(to) listen
zusammenfassen	å oppsummere	(to) summarize
Zusammenfassung, die	oppsummering, en/ei	summary

3. Freizeit & Hobby
Fritid & Hobby
Leisure & Hobby

Deutsch	Norwegisch	Englisch
Abenteuer, das	eventyr, et	adventure
absagen	å kansellere	(to) cancel
Aktivität, die	aktivitet, en	activity
Angel, die	fiskestang, en/ei	fishing rod
Anlass, der	grunn, en	reason
Aufführung, die	oppførelse, en	performance
ausgehen	å gå ut	(to) go out
Ball, der	ball, en	ball
Ballett, das	ballett, en	ballet
Basketball	basketball, en	basketball
Bauernhof, der	bondegård, en	farm
beitreten	å gå inn i	(to) join
Bowling	bowling	bowling
Brettspiel, das	brettspill, et	board game
Bühne, die	scene, en	stage
Computerspiel, das	dataspill, et	computer game
Disko, die	diskotek, et	disco
Dokumentation, die	dokumentasjon, en	documentation
Eiskunstlauf, der	kunstløp, et	figure-skating
Entspannung, die	avspenning, en/ei	relaxation

3. Freizeit & Hobby | Fritid & Hobby | Leisure & Hobby

Ereignis, das	hendelse, en	event
Fallschirm, der	fallskjerm, en	parachute
Fan, der	tilhenger, en	fan
Farbe, die	farge, en	color
feiern	å feire	(to) celebrate
Feiertag, der	festdag, en	holiday
Fernseher, der	tv, en	television
Fernsehsendung, die	tv-program, et	television program
Fest, das	fest, en	celebration
Film, der	film, en	film
Finale, das	finale, en	final
Foto, das	foto, et	photo
Fotografie, die	fotografi, et	photography
Freizeit, die	fritid, en/ei	leisure
Freizeitpark, der	fornøyelsespark, en	amusement park
Fußball	fotball, en	soccer
Gastgeber, der	vertskap, et	host(ess)
Geburtstag, der	bursdag, en	birthday
Geschenk, das	gave, en/ei	gift
gewinnen	å vinne	(to) win
glücklich	lykkelig	happy
Golf	golf, en	golf
Golfplatz, der	golfbane, en	golf course
Gymnastik	gymnastikk, en	gymnastics
Hobby, das	hobby, en	hobby
Hochzeit, die	bryllup, et	wedding
Interesse, das	interesse, en	interest

3. Freizeit & Hobby | Fritid & Hobby | Leisure & Hobby

interessiert	interessert	interested
Jubiläum, das	jubileum, et	anniversary
Kampf, der	kamp, en	fight
Kescher, der	håv, en	fishing-net
Kino, das	kino, en	cinema
klatschen	å klappe	(to) clap
Kneipe, die	bule, en/ei	pub
Kochbuch, das	kokebok, en/ei	cookery book
konkurrieren	å konkurrere	(to) compete
Kreuzworträtsel, das	kryssord, et	crossword
Kultur, die	kultur, en	culture
Künstler, Künstlerin	kunstner, en	artist
laufen	å gå	(to) walk
Leichtathletik	friidrett, en	athletics
Liegestuhl, der	liggestol, en	deck chair
Liga, die	divisjon, en	league
malen	å male	(to) paint
Mannschaft, die	mannskap, et	team
Musik, die	musikk, en	music
Nachrichten, die	nyhetssending, en/ei	news broadcast
Pfadfinder, die	speider, en	scout
Probe, die	øvelse, en	rehearsal
Produzent, der	produsent, en	producer
Publikum, das	publikum, et	audience
Puppe, die	dukke, en/ei	puppet
Regisseur, der	regissør, en	director
Reihenfolge, die	rekkefølge, en	order

3. Freizeit & Hobby | Fritid & Hobby | Leisure & Hobby

Rekord, der	rekord, en	record
rennen	å renne	(to) run
Rennen, das	renn, et	race
rudern	å ro	(to) row
Rutsche, die	sklie, en	slide
Saison, die	sesong, en	season
sammeln	å samle	(to) collect
Sammlung, die	samling	collection
Schach, das	sjakk, en	chess
Schaukel, die	gynge, en	swing
Schauspieler(in)	skuespiller, en	actor
Schwimmbad, das	bad, et	swimming pool
schwimmen	å svømme	(to) swim
segeln	å seile	(to) sail
Sender, der	sender, en	channel
sich entspannen	å slappe av	(to) relax
Sieger, Siegerin	vinner, en	winner
singen	å synge	(to) sing
Ski, der	ski, en/ei	ski
Skipiste, die	skiløype, en	ski run
Spaß, der	gøy, et	fun
Spaziergang, der	spasertur, en	walk
Spiel, das	spill, et	game
spielen	å spille	(to) play
Spielfeld, das	bane, en	playing field
Spielkarte, die	spillekort, et	playing card
Spielplatz, der	lekeplass, en	playground

3. Freizeit & Hobby | Fritid & Hobby | Leisure & Hobby

Spielstand, der	stilling, en/ei	score
Spielzeug, das	leketøy, et	toy
Sportart, die	idrettsgren, en	discipline
Stadion, das	stadion, et	stadium
Start, der	start, en	start
Studio, das	studio, et	studio
Tagebuch, das	journal, en	diary
Tanz, der	dans, en	dance
tanzen	å danse	(to) dance
Tennis	tennis, en	tennis
Theater, das	teater, et	theatre
Tischtennis	bordtennis, en	table tennis
trainieren	å trene	(to) practice
Training, das	trening, en/ei	practice
Turnhalle, die	gymnastikksal, en	gymnasium
Turnier, das	turnering, en/ei	tournament
unentschieden	uavgjort	draw
Unterhaltung, die	konversasjon, en	entertainment
Untertitel, der	teksting, en/ei	subtitle
Veranstaltung, die	arrangement, et	event
Verein, der	klubb, en	club
Vergnügen, das	fornøyelse, en	pleasure
verlieren	å miste	(to) lose
Verlierer, Verliererin	taper, en	loser
Volleyball	volleyball, en	volleyball
wandern	å vandre	(to) hike
Wanderung, die	vandring, en/ei	hike

3. Freizeit & Hobby | Fritid & Hobby | Leisure & Hobby

Wette, die	veddemål, et	bet
wetten	å vedde	(to) bet
Würfel, der	kube, en	cube
Zauber, der	trylleri, et	magic
zeichnen	å tegne	(to) draw
Zeit, die	tid, en/ei	time
Ziel, das	mål, et	goal

4. Wohnen
Bosted
Living

Deutsch	Norwegisch	Englisch
Abwasch, der	oppvask, en	washing-up
Architekt, der	arkitekt, en	architect
Aschenbecher, der	askebeger, et	ashtray
aufräumen	å rydde opp	(to) tidy up
Aufzug, der	heis, en	elevator
Ausgang, der	utgang, en	exit
ausschalten	å slokke	(to) turn off
Balkon, der	balkong, en	balcony
Bau, der	bygg, et	building
bauen	å bygge	(to) build
benutzen	å benytte	(to) use
bequem	behagelig	comfortable
besitzen	å eie	(to) possess
Beton, der	betong, en	concrete
Bett, das	seng, en/ei	bed
Bettdecke, die	sengeteppe, et	blanket
Bild, das	bilde, et	picture
Blumenbeet, das	blomsterbed, et	flower bed
Blumentopf, der	blomsterpotte, en/ei	flowerpot
Brett, das	bord, et	board

4. Wohnen | Bosted | Living

Brunnen, der	brønn, en	well
bügeln	å stryke	(to) iron
Dach, das	tak, et	roof
Doppelbett, das	dobbeltseng, en/ei	double bed
dunkel	mørk	dark
Eingang, der	inngang, en	entrance
einschalten	å tenne	(to) turn on
einziehen	å flytte inn	(to) move in
Erdgeschoss, das	første etasje, en	ground floor
Esszimmer, das	spisestue, en/ei	dining room
Faden, der	tråd, en	thread
Fahrstuhl, der	heis, en	elevator
Farbe, die	farge, en	colour
Fenster, das	vindu, et	window
Feuerlöscher, der	brannslukker, en	fire extinguisher
Feuerzeug, das	fyrtøy, et	lighter
Fundament, das	fundament, et	foundation
Garage, die	garasje, en	garage
Gardine, die	gardin, et	curtain
Garten, der	hage, en	garden
Gebäude, das	bygning, en/ei	building
Gefriertruhe, die	fryseboks, en	chest freezer
gemütlich	hjemlig	comfortable
Geschirrspüler, der	oppvaskmaskin, en	dishwasher
geschlossen	lukket	closed
Glas, das	glass, et	glass
Grundbesitz, der	jordeiendom, en	landed property

4. Wohnen | Bosted | Living

Grundstück, das	tomt, en/ei	estate
Handtuch, das	håndkle, et	towel
Haushalt, der	husholdning, en/ei	household
Heizung, die	fyr, en	heating
hell	lys	light
hoch	høy	high
Hochhaus, das	høyblokk, en/ei	high-rise building
Holz, das	tre, et	wood
hölzern	av tre	wooden
Hütte, die	hytte, en/ei	hut
Keller, der	kjeller, en	cellar
Kerze, die	stearinlys, et	candle
Kissen, das	pute, en/ei	pillow
Klingel, die	klokke, en/ei	bell
Kochherd, der	komfyr, en	cooker
Küche, die	kjøkken, et	kitchen
Kühlschrank, der	kjøleskap, et	refrigerator
Lampe, die	lampe, en/ei	lamp
Licht, das	lys, et	light
Maler(in)	maler, en	painter
Maurer(in)	murer, en	bricklayer
Miete, die	leie, en/ei	rent
Mikrowelle, die	mikrobølge, en/ei	microwave
Möbel (plu)	møbler (plu)	furniture (plu)
modern	moderne	modern
Müll, der	søppel, et	rubbish
Nachbar(in)	nabo, en	neighbour

4. Wohnen | Bosted | Living

Nachttisch, der	nattbord, et	nightstand
nähen	å sy	(to) sew
Nähnadel, die	synål, en	sewing needle
niedrig	lav	low
offen	åpen	open
Pinsel, der	pensel, en	brush
Regal, das	hylle, en/ei	shelves (plu)
reinigen	å rengjøre	(to) clean
renovieren	å renovere	(to) renovate
Rolltreppe, die	rulletrapp, en/ei	escalator
Sammlung, die	samling, en/ei	collection
Schachtel, die	eske, en/ei	box
Schere, die	saks, en	scissors
Schlafzimmer, das	soverom, et	bedroom
Schlüssel, der	nøkkel, en	key
Schrank, der	skap, et	cupboard
Schreibtisch, der	skrivebord, et	desk
Sessel, der	lenestol, en	armchair
Sofa, das	sofa, en	sofa
Spiegel, der	speil, et	mirror
Staub, der	støv, et	dust
Steckdose, die	stikkontakt, en	socket
Stuhl, der	stol, en	chair
Taschenlampe, die	lommelykt, en/ei	flashlight
Teppich, der	teppe, et	carpet
Terrasse, die	terrasse, en	terrace
Tisch, der	bord, et	table

4. Wohnen | Bosted | Living

Toilette, die	toalett, et	toilet
Treppe, die	trapp, en/ei	stairs
trocknen	å tørke	dry
Tür, die	dør, en/ei	door
Turm, der	tårn, et	tower
umziehen	å flytte	(to) move
Vase, die	vase, en	vase
Ventilator, der	ventilator, en	ventilator
verkaufen	å selge	(to) sell
vermieten	å leie ut	(to) rent out
Wand, die	vegg, en	wall
Wäsche, die	vask, en	washing
waschen	å vaske	(to) wash
Waschmaschine, die	vaskemaskin, en	washing machine
Wecker, der	vekkerklokke, en/ei	alarm clock
wohnen	å bo	(to) live
Wohnsiedlung, die	boligstrøk, et	housing estate
Wohnung, die	leilighet, en/ei	apartment
Wohnzimmer, das	stue, en/ei	living room
Zaun, der	gjerde, et	fence
Zimmer, das	rom, et	room

5. Familie & Privatleben
Familie & Privatliv
Family & Private life

Deutsch	Norwegisch	Englisch
adoptieren	å adoptere	(to) adopt
arm	fattig	poor
Armut, die	armod, en/ei	poverty
Aufmerksamkeit, die	oppmerksomhet, en	attention
Ausländer(in)	utlending, en	foreigner
ausländisch	utenlandsk	foreign
Außenseiter, der	outsider, en	outsider
Baby, das	baby, en	baby
Behinderung, die	funksjonshemning, en	disability
Benehmen, das	atferd, en/ei	manners
besuchen	å besøke	(to) visit
Bevölkerung, die	befolkning, en/ei	population
Beziehung, die	relasjon, en	relationship
Braut, die	brud, ei	bride
Bräutigam, der	brudgom, en	groom
Bruder, der	bror, en	brother
Chance, die	sjanse, en	chance
Cousin(e), der	søskenbarn, et	cousin
Demonstration, die	demonstrasjon, en	demonstration
Diskriminierung, die	diskriminering, en/ei	discrimination
Druck, der	press, et	pressure

5. Familie & Privatleben | Familie & Privatliv | Family & Private life

Ehe, die	ekteskap, et	marriage
Ehefrau, die	kone, ei	wife
Ehemann, der	ektemann, en	husband
Einkommen, das	inntekt, en/ei	income
Einwanderer(in)	innvandrer, en	immigrant
enden	å ende	(to) end
eng, nahe	tett	close
Enkel(in)	barnebarn, et	grandchild
erziehen	å oppdra	(to) bring up
Familie, die	familie, en	family
feste Freundin, die	kjæreste, en	girlfriend
fester Freund, der	kjæreste, en	boyfriend
Fremde(r)	fremmed, en	stranger
Freundschaft, die	vennskap, et	friendship
Generation, die	generasjon, en	generation
Gesellschaft, die	samfunn, et	society
Großmutter, die	bestemor, ei	grandmother
Großvater, der	bestefar, en	grandfather
gründen	å etablere	(to) found
Gruppe, die	gruppe, en/ei	group
heiraten	å gifte seg	(to) marry
helfen	å hjelpe	(to) help
Hilfe, die	hjelp, en/ei	help
Hochzeit, die	bryllup, et	wedding
hungern	å sulte	(to) starve
kennen	å kjenne	(to) know
Kind, das	barn, et	child

5. Familie & Privatleben | Familie & Privatliv | Family & Private life

Kinderwagen, der	barnevogn, en/ei	baby carriage
Konflikt, der	konflikt, en	conflict
Kontakt, der	kontakt, en	contact
Kredit, der	kreditt, en	credit
lieb	snill	kind
Luxus, der	luksus, en	luxury
Mitglied, das	medlem, et	member
moralisch	moralsk	moral
multikulturell	flerkulturell	multicultural
Mutter, die	mor, ei	mother
Nation, die	nasjon, en	nation
national	nasjonal	national
Onkel, der	onkel, en	uncle
Paar, das	par, et	couple
persönlich	personlig	personal
rassistisch	rasistisk	racist
reich	rik	rich
Scheidung, die	skilsmisse, en	divorce
Schwester, die	søster, ei	sister
seriös	seriøs	respectable
sich beteiligen	å delta	(to) take part
sich trennen	å skilles	(to) part
Sicherheit, die	sikkerhet, en/ei	safety
Sohn, der	sønn, en	son
spenden	å donere	(to) donate
Stiefmutter, die	stemor, en/ei	stepmother
Stiefvater, der	stefar, en	stepfather

5. Familie & Privatleben | Familie & Privatliv | Family & Private life

Streit, der	dyst, en	argument
streiten	å kjekle	(to) argue
System, das	system, et	system
Tante, die	tante, en	aunt
Taschengeld, der	lommepenger (plu)	pocket money (plu)
Testament, das	testament, en	testament
Tochter, die	datter, ei	daughter
treffen	å møte	(to) meet
Vater, der	far, en	father
Verabredung, die	avtale, en	date
verlobt	forlovet	engaged
Verlobte(r)	forlovede (plu)	fiancé(e)
verwandt	beslektet	related
Verwandte	slektning, en	relative
Vorurteil, das	fordom, en	prejudice
Windel, die	bleie, en/ei	diaper
Zugang, der	atkomst, en	entrance
Zusammenarbeit, die	samarbeid, et	cooperation
Zwilling, der	tvilling, en	twin

6. Charakter & Gefühle
Karakter & Følelser
Character & Feelings

Deutsch	Norwegisch	Englisch
Absicht, die	intensjon, en	intention
Adresse, die	adresse, en/ei	address
allein	alene	alone
Alternative, die	alternativ, et	alternative
an (jdn.) erinnern	å minne om	(to) remember
ändern	å endre	(to) change
angenehm	behagelig	pleasant
Angst, die	angst, en	fear
aufmuntern	å oppmuntre	(to) encourage
beabsichtigen	å akte	(to) intend
beeindrucken	å gjøre inntrykk på	(to) impress
behandeln	å behandle	(to) treat
beliebt	populær	popular
bescheiden	beskjeden	modest
besorgt	bekymret	worried
beweisen	å bevise	(to) prove
Charakter, der	karakter, en	character
dankbar	takknemlig	thankful
denken	å tenke	(to) think
deprimiert	deprimert	depressed

6. Charakter & Gefühle | Karakter & Følelser | Character & Feelings

dumm	dum	stupid
Dummkopf, der	idiot, en	idiot
E-Mail-Adresse, die	epostadresse, en/ei	email address
Ehrgeiz, der	ærgjerrighet, en/ei	ambition
ehrlich	ærlig	honest
einsam	ensom	lonely
empfindlich	følsom	sensitive
Entscheidung, die	avgjørelse, en	decision
enttäuschen	å skuffe	(to) disappoint
Erfahrung, die	erfaring, en/ei	experience
ernst	alvorlig	serious
fähig	dugelig	able
Fantasie, die	fantasi, en	fantasy
faul	dorsk	lazy
Fehler, der	feil, en	mistake
feindlich	fiendtlig	enemy
feststellen	å få rede på	(to) identify
fortsetzen	å fortsette	(to) continue
Frau, die	dame, ei	woman
Freude, die	glede, en	pleasure
froh	glad	happy
fühlen	å føle	(to) feel
Geburt, die	fødsel, en	birth
Gedanke, der	tanke, en	thought
Geduld, die	tålmodighet, en/ei	patience
Gefühl, das	følelse, en	feeling
geizig	gjerrig	miserly

6. Charakter & Gefühle | Karakter & Følelser | Character & Feelings

gemein	lumpen	mean
genießen	å nyte	(to) enjoy
Geschlecht, das	slekt, en/ei	sex
Glück, das	lykke, en	luck
glücklich	lykkelig	lucky
grausam	grusom	cruel
großzügig	sjenerøs	generous
Grund, der	årsak, en/ei	reason
Handlung, die	handling, en/ei	act
Hass, der	hat, et	hate
hassen	å hate	(to) hate
hilfreich	hjelpsom	helpful
hoffen	å håpe	(to) hope
Hoffnung, die	håp, et	hope
Humor, der	humor, en	humour
Idee, die	idé, en	idea
Identität, die	identitet, en	identity
intelligent	intelligent	intelligent
Intelligenz, die	intelligens, en	intelligence
kommen aus	å komme fra	(to) come from
können	å kunne	(to) can
Kontrolle, die	kontroll, en	control
Konzentration, die	konsentrasjon, en	concentration
lachen	å le	(to) laugh
laut	høy	loud
ledig	enslig	single
leiden	å lide	(to) suffer

6. Charakter & Gefühle | Karakter & Følelser | Character & Feelings

Leistung, die	prestasjon, en	performance
Liebe, die	kjærlighet, en/ei	love
lösen	å takle	(to) solve
Lösung, die	løsning, en/ei	solution
lustig	morsom	funny
männlich	mannlig	male
Mitleid, das	medlidenhet, en/ei	sympathy
mögen	å like	(to) like
Möglichkeit, die	mulighet, en/ei	opportunity
Mut, der	mot, et	courage
mutig	modig	brave
Nachname, der	etternavn, et	surname
Name, der	navn, et	name
Nationalität, die	nasjonalitet, en	nationality
negativ	negativ	negative
neidisch	avindsyk	jealous
nennen	å kalle	(to) call
nervös	nervøs	nervous
nett	hyggelig	nice
neugierig	nyfiken	curious
Nummer, die	nummer, et	number
offen	åpen	open
optimistisch	optimistisk	optimistic
Panik, die	panikk, en	panic
peinlich	pinlig	embarrassing
Pflicht, die	plikt, en/ei	duty
positiv	positiv	positive

6. Charakter & Gefühle | Karakter & Følelser | Character & Feelings

Problem, das	problem, et	problem
reagieren	å reagere	(to) react
Reaktion, die	reaksjon, en	reaction
realistisch	realistisk	realistic
Realität, die	realitet, en	reality
Reiz, der	sjarm, en	appeal
Respekt, der	respekt, en	respect
ruhig	rolig	quiet
schlau	flink	clever
Schock, der	sjokk, et	shock
schrecklich	forferdelig	terrible
schüchtern	sjenert	shy
Schuld, die	skyld, en	fault
schuldig	skyldig	guilty
selbstbewusst	selvbevisst	self-confident
sicher	sikker	sure
Sinn, der	sans, en	sense
Sorge, die	bekymring, en/ei	worry
Sprache, die	språk, et	language
Stimmung, die	stemning, en/ei	atmosphere
stören	å forstyrre	(to) disturb
Telefonnummer, die	telefonnummer, et	phone number
traurig	bedrøvelig	sad
Überraschung, die	overraskelse, en	surprise
ungeduldig	utålmodig	impatient
unterdrücken	å undertrykke	(to) oppress
Unterschrift, die	underskrift, en/ei	signature

6. Charakter & Gefühle | Karakter & Følelser | Character & Feelings

Verantwortung, die	ansvar, et	responsibility
vergessen	å glemme	(to) forget
Verhalten, das	atferd, en/ei	behaviour
vermissen	å savne	(to) miss
Versuch, der	forsøk, et	attempt
versuchen	å forsøke	(to) try
verwirren	å forvirre	(to) confuse
Vorname, der	fornavn, et	first name
vorsichtig	forsiktig	careful
Wahl, die	valg, et	choice
wahnsinnig	avsindig	insane
weiblich	kvinnelig	female
weinen	å gråte	(to) cry
Wille, der	vilje, en	will
Wissen, das	viten, en	knowledge
Witz, der	morsomhet, en/ei	joke
Wunsch, der	ønske, et	desire
wünschen	å ønske	(to) wish
Wut, die	raseri, et	fury
zeigen	å vise	(to) show,
Ziel, das	mål, et	aim
Zufall, der	tilfeldighet, en/ei	coincidence
zufrieden	fornøyd	satisfied
zuverlässig	pålitelig	reliable

7. Ernährung
Ernæring
Diet

Deutsch	Norwegisch	Englisch
Abendessen, das	kveldsmat, en	dinner
alkoholfrei	alkoholfri	alcohol-free
Apfel, der	eple, et	apple
aufbewahren	å gjemme	(to) store
Auster, die	østers, en	oyster
backen	å bake	(to) bake
Banane, die	banan, en	banana
Basilikum, das	basilikum, en	basil
Besteck, das	bestikk, et	cutlery
Bier, das	øl, et	beer
Birne, die	pære, en	pear
bitter	bitter	bitter
Bohne, die	bønne, en/ei	bean
Bonbon, das	sukkertøy, et	candy
braten	å steke	(to) fry
Brokkoli, der	brokkoli, en	broccoli
Brombeere, die	bjørnebær, et	blackberry
Brot, das	brød, et	bread
Brötchen, das	rundstykke, et	roll
Butter, die	smør, et	butter

7. Ernährung | Ernæring | Diet

Cola, die	cola, en	cola
Cornflakes (plu)	cornflakes (plu)	cornflakes (plu)
Deckel, der	lokk, en	top
decken	å dekke	(to) set
Dose, die	boks, en	can
dünn	grann	thin
durstig	tørst	thirsty
Ei, das	egg, et	egg
Eiskrem, die	iskrem, en	ice cream
Eistee, der	iste, en	iced tea
Erdbeere, die	jordbær, et	strawberry
essen	å spise	(to) eat
Essen, das	mat, en	meal
Essig, das	eddik, en	vinegar
fantastisch	fantastisk	fantastic
Fass, das	fat, et	barrel
Feige, die	fiken, en	fig
fett	fet	fat
Filet, das	filet, en	fillet
Fisch, der	fisk, en	fish
Flasche, die	flaske, en/ei	bottle
Fleisch, das	kjøtt, et	meat
frisch	fersk	fresh
Frühstück, das	frokost, en	breakfast
Gabel, die	gaffel, en	fork
Gemüse (plu)	grønnsaker (plu)	vegetables (plu)
Gericht, das	matrett, en	dish

7. Ernährung | Ernæring | Diet

Getränk, das	drikk, en	drink
Gewürz, das	krydder, et	spice
Glas, das	glass, et	glass
Grapefruit, die	grapefrukt, en/ei	grapefruit
grillen	å grille	(to) have a barbecue
Gurke, die	agurk, en	cucumber
Hähnchen, das	kylling, en	chicken
Himbeere, die	bringebær, et	raspberry
Honig, der	honning, en	honey
hungrig	sulten	hungry
Joghurt, der	jogurt, en	yogurt
Kaffee, der	kaffe, en	coffee
Karotte, die	gulrot, en	carrot
Kartoffel, die	potet, en	potato
Käse, der	ost, en	cheese
Kaugummi, das	tyggegummi, en	chewing gum
Keks, das	kjeks, en	biscuit
Kirsche, die	kirsebær, et	cherry
Knäckebrot, das	knekkebrød, et	crispbread
Knoblauch, der	hvitløk, en	garlic
kochen	å lage mat	(to) cook
Kohl, der	kål, en	cabbage
konservieren	å hermetisere	(to) preserve
Kuchen, der	kake, en/ei	cake
Leber, die	lever, en	liver
lecker	lekker	delicious
Likör, der	likør, en	liqeur

7. Ernährung | Ernæring | Diet

Löffel, der	skje, en/ei	spoon
mager	mager	low-fat
Marmelade, die	syltetøy, et	jam
Mehl, das	mel, et	flour
Messer, das	kniv, en	knife
Milch, die	melk, en/ei	milk
Mineralwasser, das	mineralvann, et	mineral water
mischen	å mikse	(to) mix
Mittagessen, das	lunsj, en	lunch
Nachtisch, der	dessert, en	dessert
Obst, das	frukt, en/ei	fruit
Obstsalat, der	fruktsalat, en	fruit salad
Öl, das	olje, en/ei	oil
Orange, die	appelsin, en	orange
Packung, die	pakke, en/ei	pack
Petersilie, die	persille, en	parsley
Pfanne, die	panne, en/ei	pan
Pfannkuchen, der	pannekake, en/ei	pancake
Pfeffer, der	pepper, en	pepper
Pilz, der	sopp, en	mushroom
Pommes frites (plu)	pommes frites (plu)	fries (plu)
Popcorn, das	popkorn, et	popcorn
Portion, die	porsjon, en	portion
probieren	å smake på noe	(to) try
Radieschen, das	reddik, en	radish
Reis, der	ris, en	rice
Rindfleisch, das	oksekjøtt, et	beef

7. Ernährung | Ernæring | Diet

roh	rå	raw
Rum, der	rom, en	rum
Saft, der	juice, en	juice
Sahne, die	fløte, en	cream
Salat, der	salat, en	salad
Salz, das	salt, et	salt
salzig	salt	salty
satt	mett	full
sauer	sur	sour
scharf	sterk	hot
Scheibe, die	skive, en/ei	slice
Schinken, der	skinke, en/ei	ham
schmecken	å smake	(to) taste
Schokolade, die	sjokolade, en	chocolate
Schweinefleisch, das	svinekjøtt, et	pork
Sekt, der	sekt, en	sparkling wine
Senf, der	sennep, en	mustard
Serviette, die	serviett, en	napkin
Sirup, der	sirup, en	syrup
Soße, die	saus, en	sauce
Steak, das	biff, en	steak
Suppe, die	supe, en/ei	soup
süß	søt	sweet
Tasse, die	kopp, en	cup
Tee, der	te, en	tea
Teekanne, die	tekanne, en/ei	teapot
Teller, der	tallerken, en	plate

7. Ernährung | Ernæring | Diet

Thunfisch, der	tunfisk, en	tuna
Tomate, die	tomat, en	tomato
trinken	å drikke	(to) drink
trocken	å tørke	dry
umrühren	å røre i noe	(to) stir
Vanille, die	vanilje, en	vanilla
verdorben	bedervet	bad
Vorspeise, die	forrett, en	starter
Wein, der	vin, en	vine
Whisky, der	whisky, en	whiskey
widerlich	ekkel	disgusting
Zimt, der	kanel, en	cinnamon
Zucker, der	sukker, et	sugar
Zwiebel, die	løk, en	onion

8. Kleidung & Einkauf
Klær & Innkjøp
Clothes & Shopping

Deutsch	Norwegisch	Englisch
Angebot, das	tilbud, et	offer
angemessen	passende	fair
anprobieren	å prøve (på)	(to) try on
anziehen	å kle på	(to) put on
Anzug, der	antrekk, et	suit
Armbanduhr, die	armbåndsur, et	watch
ausziehen	å kle av	(to) take off
Bäckerei, die	bakeri, et	bakery
Badehose, die	badebukse, en/ei	swim trunks
Bargeld, das	kontanter (plu)	cash
Baumwolle, die	bomull, en/ei	cotton
bedienen	å ekspedere	(to) serve
bezahlen	å betale	(to) pay
billig	billig	cheap
Bluse, die	bluse, en/ei	blouse
brauchen	å trenge	(to) need
Buchhandlung, die	bokhandel, en	bookshop
Büstenhalter, der	behå, en	bra
Edelstein, der	edelstein, en	precious stone
einkaufen	å kjøpe inn	(to) buy

8. Kleidung & Einkauf | Klær & Innkjøp | Clothes & Shopping

elegant	elegant	elegant
eng	knapp	tight
Fleck, der	flekk, en	stain
formell	formell	formal
Garantie, die	garanti, en	guarantee
gebraucht	brukt	second-hand
geöffnet	åpen	open
geschlossen	lukket	closed
Gold, das	gull, et	gold
Größe, die	høyde, en	size
Gürtel, der	belte, et	belt
Handschuh, der	hanske, en	glove
Handtasche, die	håndveske, en/ei	handbag
helfen	å hjelpe	(to) help
Hemd, der	skjorte, en	shirt
Hut, der	hatt, en	hat
inklusive	inklusive	inclusive
Jacke, die	jakke, en/ei	jacket
Jeans, die	olabukse, en/ei	jeans
Kamm, der	kam, en	comb
Kasse, die	kasse, en/ei	cash desk
Kassierer(in)	kasserer, en	cashier
kaufen	å kjøpe	(to) buy
Kleid, das	kjole, en	dress
Kleidung, die	klær (plu)	clothes (plu)
Knopf, der	knapp, en	button
kontrollieren	å kontrollere	(to) control

8. Kleidung & Einkauf | Klær & Innkjøp | Clothes & Shopping

kosten	å koste	(to) cost
kostenlos	gratis	free
Krawatte, die	slips, et	tie
Kunde, Kundin	kunde, en	customer
Laden, der	butikk, en	shop
Leder, das	lær, et	leather
Mantel, der	kåpe, en/ei	coat
Markt, der	torg, et	market
Metzgerei, die	kjøttbutikk, en	butcher shop
Mode, die	mote, en	fashion
modisch	moderne	trendy
Muster, das	mal, en	pattern
Mütze, die	lue, en/ei	cap
öffnen	å åpne	(to) open
Ohrring, der	ørering, en	earring
passen	å passe	(to) fit
Perle, die	perle, en	pearl
Preis, der	pris, en	price
Preisschild, das	prislapp, en	price tag
Pullover, der	genser, en	pullover
Qualität, die	kvalitet, en	quality
Quittung, die	kvittering, en/ei	receipt
Rabatt, der	rabatt, en	discount
Regenschirm, der	paraply, en	umbrella
Reißverschluss, der	glidelås, en	zipper
Rock, der	skjørt, et	skirt
Schlafanzug, der	nattøy, et	pyjamas

8. Kleidung & Einkauf | Klær & Innkjøp | Clothes & Shopping

schlecht	dårlig	bad
Schmuck, der	smykke, et	jewellery
Schuh, der	sko, en	shoe
Seide, die	silke, en	silk
Silber, das	sølv, et	silver
Socke, die	sokk, en	sock
sparsam	sparsom	thrifty
Stiefel, der	støvel, en	boot
Stoff, der	stoff, et	material
synthetisch	syntetisk	synthetic
T-Shirt, das	T-skjorte, en	t-shirt
Tasche, die	veske, en/ei	bag
Taschentuch, das	lommetørkle, et	tissue
teuer	dyr	expensive
Unterhemd, das	undertrøye, en/ei	vest
Unterwäsche, die	undertøy, et	underwear
Verkauf, der	salg, et	sale
Verkäufer(in)	elger, en	sales assistant
verschwenden	å sløse	(to) waste
Wanderstiefel, der	fjellstøvel, en	walking boots (plu)
weit	vid	loose
wertvoll	dyrebar	valuable
Weste, die	vest, en	waistcoat
Wolle, die	ull, en	wool

9. Kunst & Literatur
Kunst & Litteratur
Art & Literature

Deutsch	Norwegisch	Englisch
allwissend	allvitende	knowing it all
Analyse, die	analyse, en	analysis
Anekdote, die	anekdote, en	anecdote
anspielen	å henspille på	(to) allude
Argument, das	argument, et	argument
Atmosphäre, die	atmosfære, en	atmosphere
Ausstellung, die	utstedelse, en	exhibition
Autobiographie, die	selvbiografi, en	autobiography
Autor(in)	forfatter, en	author
Ballade, die	ballade, en	ballad
Band, die	bånd, et	band
beschreiben	å beskrive	(to) describe
Beschreibung, die	beskrivelse, en	description
Betonung, die	aksent, en	accentuation
Biographie, die	biografi, en	biography
Blockflöte, die	blokkfløyte, en/ei	recorder
Bratsche, die	bratsj, en	viola
Buch, das	bok, en/ei	book
Cello, das	cello, en	cello
Charakterisierung, die	karakterisering, en	characterization

9. Kunst & Literatur | Kunst & Litteratur | Art & Literature

Chor, der	kor, et	choir
Dialog, der	dialog, en	dialogue
Dirigent(in)	dirigent, en	conductor
Drama, das	drama, et	drama
Druck, der	trykk, et	printing
eingeschränkt	forminsket	limited
Ende, das	ende, en	end
Fabel, die	fabel, en	fable
Fälschung, die	forfalskning, en/ei	forgery
Farbe, die	farge, en	colour
Festival, das	festival, en	festival
Form, die	form, en/ei	shape
Fotoapparat, der	fotoapparat, et	camera
Funktion, die	funksjon, en	function
Galerie, die	galleri, et	gallery
Gedicht, das	dikt, et	poem
Geheimnis, das	hemmelighet, en/ei	secret
Geige, die	fiolin, en	violin
Gitarre, die	gitar, en	guitar
Handlung, die	handling, en/ei	act
Harfe, die	harpe, en	harp
Hauptfigur, die	hovedperson, en	central character
historisch	historisk	historical
Höhepunkt, der	høydepunkt, et	highlight
Humor, der	humor, en	humour
Inhalt, der	innhold, et	content
Instrument, das	instrument, et	instrument

9. Kunst & Literatur | Kunst & Litteratur | Art & Literature

interpretieren	å fortolke	(to) interpret
Ironie, die	ironi, en	irony
Jazz	jazz	jazz
Kapitel, das	kapittel, et	chapter
Katastrophe, die	katastrofe, en	catastrophe
Klang, der	klang, en	sound
Klarinette, die	klarinett, en	clarinet
Klavier, das	piano, et	piano
Kommentar, der	kommentar, en	comment
Komposition, die	musikkstykke, et	composition
Konflikt, der	konflikt, en	conflict
Konzept, das	konsept, et	concept
Konzert, das	konsert, en	concert
Kopie, die	kopi, en	copy
kreativ	kreativ	creative
kritisieren	å kritisere	(to) criticize
Kunst, die	kunst, en	art
Künstler(in)	kunstner, en	artist
Kurzgeschichte, die	novelle, en	short story
lesen	å lese	(to) read
Lied, das	sang, en	song
literarisch	litterær	literary
Literatur, die	litteratur, en	literature
Lyrik, die	lyrikk, en	lyric
malen	å male	(to) paint
Maler(in)	maler, en	painter
Märchen, das	eventyr, et	fairytale

9. Kunst & Literatur | Kunst & Litteratur | Art & Literature

Melodie, die	melodi, en	melody
Metapher, die	metafor, en	metaphor
modern	moderne	modern
Monolog, der	monolog, en	monologue
mündlich	muntlig	oral
Museum, das	museum, et	museum
Musik, die	musikk, en	music
musikalisch	musikalsk	musical
Musiker(in)	musiker, en	musician
Noten, die	note, en	music
Oper, die	opera, en	opera
Orchester, das	orkester, et	orchestra
Orgel, die	orgel, et	organ
original	original	original
Parodie, die	parodi, en	parody
Perspektive, die	perspektiv, et	perspective
Pinsel, der	pensel, en	brush
Plakat, das	plakat, en	poster
Popmusik, die	popmusikk, en	pop music
Porträt, das	portrett, et	portrait
Posaune, die	basun, en	trombone
Prosa, die	prosa, en	prose
Querflöte, die	tverrfløyte, en/ei	flute
Rahmen, der	karm, en	frame
Refrain, der	refreng, et	refrain
Reim, der	rim, et	rhyme
Rhetorik, die	retorikk, en	rhetoric

9. Kunst & Literatur | Kunst & Litteratur | Art & Literature

Rhythmus, der	rytme, en	rhythm
Rockmusik, die	rockemusikk, en	rock
Roman, der	roman, en	novel
romantisch	romantisk	Romantic
Sage, die	sagn, et	legend
Sänger(in)	sanger, en	singer
Satire, die	satire, en	satire
Saxophon, das	saksofon, en	saxophone
Schlagzeug, das	slagverk, et	drums
schreiben	å skrive	(to) write
singen	å synge	(to) sing
Skulptur, die	skulptur, en	sculpture
Sonett, das	sonett, en	sonnet
Spannung, die	spenning, en/ei	suspense
spielen	å spille	(to) play
Standpunkt, der	standpunkt, et	point of view
stattfinden	å finne sted	(to) take place
Stil, der	stilart, en/ei	style
stilistisch	stilistisk	stylistic
Stimme, die	mæle, et	voice
Struktur, die	struktur, en	structure
Studio, das	studio, et	studio
Symbol, das	symbol, et	symbol
Szene, die	scene, en	scene
Text, der	tekst, en	text
Thema, das	tema, et	topic
Ton, der	klang, en	sound

9. Kunst & Literatur | Kunst & Litteratur | Art & Literature

Tradition, die	tradisjon, en	tradition
tragisch	tragisk	tragic
Trommel, die	tromme, en	drum
Trompete, die	trompet, en	trumpet
Tuba, die	tuba, en	tuba
üben	å øve	(to) practice
übersetzen	å oversette	(to) translate
übertreiben	å overdrive	(to) exaggerate
Vorwort, das	forord, et	introduction
Werk, das	verk, et	work
wörtlich	ordrett	verbatim
zeichnen	å tegne	(to) draw

10. Religion & Geschichte
Religion & Historie
Religion & History

Deutsch	Norwegisch	Englisch
abergläubisch	overtroisk	superstitious
Allah	Allah	Allah
Anhänger(in)	dyrker, en	follower
antik	antikk	antique
Atheismus, der	ateisme	atheism
auswandern	å utvandre	(to) emigrate
befreien	å befri	(to) release
beten	å be	(to) pray
Bibel, die	bibel, en	Bible
böse	ond	evil
Brauch, der	bruk, en	tradition
Buddhismus, der	buddhisme	Buddhism
Christentum, das	kristendom, en	Christianity
christlich	kristelig	Christian
einwandern	å innvandre	(to) immigrate
Engel, der	engel, en	angel
entdecken	å oppdage	(to) discover
Entdeckung, die	oppdagelse, en	discovery
erkunden	å rekognosere	(to) scout out
erobern	å erobre	(to) conquer

10. Religion & Geschichte | Religion & Historie | Religion & History

evangelisch	evangelisk	Protestant
existieren	å eksistere	(to) exist
folgen	å følge	(to) follow
Gebet, das	bønn, en/ei	prayer
Geschichte, die	historie, en	history
Glaube, der	tro, en	belief
glauben	å tro	(to) believe
Gott	gud	God
gut	bra	good
handeln	å handle	(to) trade
Händler(in)	handler, en	trader
heidnisch	hedensk	heathen
heilig	hellig	holy
Herrschaft, die	herredømme, et	power
Hexe, die	heks, en	witch
Himmel, der	himmel, en	heaven
Hinduismus, der	hinduisme	Hinduism
historisch	historisk	historical
Hölle, die	helvete, et	hell
Islam, der	islam	Islam
Jesus Christus	Jesus Kristus	Jesus Christ
Judentum, das	jøder	Judaism
jüdisch	jødisk	Jewish
Kapelle, die	kapell, et	chapel
Kathedrale, die	katedral, en	cathedral
katholisch	katolsk	Catholic
Kirche, die	kirke, en/ei	church

10. Religion & Geschichte | Religion & Historie | Religion & History

Kolonie, die	koloni, en	colony
König(in)	konge, en	king, queen
königlich	kongelig	royal
Königreich, das	kongerike, et	kingdom
konvertieren	å konvertere	(to) convert
Koran, der	koran, en	Koran
Kreuz, das	kryss, et	cross
Kultur, die	kultur, en	culture
Magie, die	magi, en	magic
Mittelalter, das	middelalder, en	the Middle Ages
modern	moderne	modern
Moral, die	moral, en	morals
Moschee, die	moské, en	mosque
Muslim(in)	muslim, en	Muslim
Papst, der	pave, en	the Pope
Paradies, das	paradis, et	paradise
predigen	å preke	(to) preach
Prinz, Prinzessin	prins, prinsesse	prince, princess
Prophet(in)	profet, en	prophet, prophetess
Religion, die	religion, en	religion
religiös	religiøs	religious
Ritual, das	ritual, et	ritual
Schicksal, das	skjebne, en	fate
Schöpfung, die	skapelse, en	creation
Seele, die	sjel, en	soul
Siedlung, die	bebyggelse, en	settlement
Sklave, Sklavin	slave, en	slave

10. Religion & Geschichte | Religion & Historie | Religion & History

spirituell	åndelig	spiritual
Sünde, die	synd, en/ei	sin
Synagoge, die	synagoge, en	synagogue
Teufel, der	djevel, en	devil
Tradition, die	tradisjon, en	tradition
traditionell	tradisjonell	traditional
Ursprung, der	opphav, et	origin
Voraussage, die	forutsigelse, en	prediction
zeitgenössisch	samtidig	contemporary
Zeremonie, die	seremoni, en	ceremony
Zukunft, die	fremtid, en/ei	future

11. Wirtschaft
Økonomi
Economy

Deutsch	Norwegisch	Englisch
Abnahme, die	nedgang, en	reduction
abnehmen	å minske	(to) decrease
Abteilung, die	avdeling, en/ei	department
Akte, die	dokument, et	file
Aktie, die	aksje, en	share
Angebot, das	tilbud, et	offer
Anreiz, der	incentiv, et	incentive
anwesend	nærværende	present
Artikel, der	artikkel, en	article
Astronaut(in)	astronaut, en	astronaut
Aufschwung, der	oppsving, en	recovery
automatisch	automatisk	automatic
Bank, die	bank, en	bank
bankrott	bankerott	bankrupt
Bargeld, das	kontanter (plu)	cash
Bauarbeiter(in)	bygningsarbeider, en	construction worker
bauen	å bygge	(to) build
beliefern	å forsyne	(to) supply
bezüglich	angående	regarding
Bilanz, die	balanse, en	balance sheet

11. Wirtschaft | Økonomi | Economy

bohren	å bore	(to) drill
Bohrer, der	bor, et	drill
Bohrinsel, die	boreplattform, en/ei	oil rig
Boom, der	høykonjunktur, en	boom
Börse, die	børs, en	stock market
Brief, der	brev, et	letter
Buchhaltung, die	bokholderi, et	accounts department
Büro, das	kontor, et	office
Büroklammer, die	binders, en	paper clip
Computer, der	datamaskin, en	computer
Dienstleistung, die	tjenesteytelse, en	services
Dollar	dollar	dollar
Draht, der	tråd, en	wire
Drucker, der	trykker, en	printer
E-Mail, die	e-post, en	email
Einzahlung, die	innbetaling, en/ei	payment
Einzelhandel, der	detaljhandel, en	retail trade
Elektriker(in)	elektriker, en	electrician
elektronisch	elektronisk	electronic
Energie, die	energi, en	energy
Entwicklung, die	utvikling, en/ei	development
erfinden	å oppfinne	(to) invent
Erfindung, die	oppfinnelse, en	invention
eröffnen	å åpne	(to) open
Ersparnis, die	besparelse, en	savings
Euro	euro	euro
expandieren	å ekspandere	(to) expand

11. Wirtschaft | Økonomi | Economy

Experte, Expertin	ekspert, en	expert
Export, der	eksport, en	export
exportieren	å eksportere	(to) export
Fabrik, die	fabrikk, en	factory
Faxgerät, das	faks, en	fax machine
Feile, die	fil, en/ei	file
Finanzen (plu)	finanser (plu)	finances (plu)
finanziell	finansiell	financial
Fließband, das	samlebånd, et	production line
Formular, das	formular, et	form
Forschung, die	forskning, en/ei	research
Fusion, die	fusjon, en	merger
Gebühr, die	avgift, en/ei	charge
Geld, das	penger (plu)	money (plu)
Geldautomat, der	minibank, en	ATM
Gerät, das	apparat, et	device
Geschäft, das	forretning, en/ei	business
Gewinn, der	overskudd, et	profit
gründen	å etablere	(to) found
Hammer, der	hammer, en	hammer
Hand, die	hånd, en	hand
Handel, der	handel, en	trade
Haushalt, der	budsjett, et	household
Hersteller, der	produsent, en	producer
Hypothek, die	pantelån, et	mortgage
Import, der	import, en	import
importieren	å importere	(to) import

11. Wirtschaft | Økonomi | Economy

Industrie, die	industri, en	industry
Inflation, die	inflasjon, en	inflation
investieren	å investere	(to) invest
Investition	investering, en/ei	investment
Kalender, der	kalender, en	calendar
Kassierer(in)	kasserer, en	cashier
kaufen	å kjøpe	(to) buy
Kette, die	kjede, en	chain
kleben	å klebe	(to) stick
Klebstoff, der	klister, et	glue
Kondition, die	kondisjon, en	condition
konkurrieren	å konkurrere	(to) compete
Konto, das	konto, en	account
Konzern, der	konsern, et	corporation
Kopie, die	kopi, en	copy
Kosten (plu)	bekostning, en/ei	costs (plu)
Kraftwerk, das	kraftstasjon, en	power plant
Kran, der	kran, en/ei	crane
Kredit, der	kreditt, en	credit
Kreditkarte, die	kredittkort, et	credit card
Krone (kr)	krone, en	krone
Kurs, der	kurs, en	course
kurzfristig	kortvarig	short-term
Labor, das	laboratorium, et	laboratory
Lager, das	lager, et	warehouse
langfristig	langsiktig	long-term
Laser, der	laser, en	laser

11. Wirtschaft | Økonomi | Economy

Leistung, die	prestasjon, en	performance
Leiter, die	stige, en	ladder
lieferbar	på lager	available
liefern	å levere	(to) deliver
Lieferung, die	leveranse, en	delivery
Locher, der	hullemaskin, en	punch
Mahnung, die	purring, en/ei	warning
Maler(in)	maler, en	painter
Manager(in)	manager, en	manager
Mangel, der	knapphet, en/ei	shortage
manuell	manuell	manual
Marketing, das	markedsføring, en/ei	marketing
Maschine, die	maskin, en	machine
Messe, die	messe, en	fair
Motor, der	motor, en	motor
Münze, die	mynt, en	coin
Nachfrage, die	etterspørsel, en	demand
Nagel, der	negl, en	nail
Organisation, die	organisasjon, en	organization
organisieren	å organisere	(to) organize
Patent, das	patent, et	patent
Pipeline, die	rørledning, en/ei	pipeline
Probe, die	prøve, en/ei	sample
Produkt, das	produkt, et	product
Produktion, die	produksjon, en	production
produzieren	å produsere	(to) produce
Provision, die	provisjon, en	commission

11. Wirtschaft | Økonomi | Economy

Pumpe, die	pumpe, en/ei	pump
Rakete, die	rakett, en	rocket
Rate, die	rate, en	installment
Rechnung, die	regning, en/ei	bill
reparieren	å fikse	(to) repair
Revolution, die	revolusjon, en	revolution
Rezession, die	nedgangstid, en/ei	recession
Roboter, der	robot, en	robot
Säge, die	sag, en	saw
sägen	å sage	(to) saw
Satellit, der	satellitt, en	satellite
schätzen	å estimere	(to) guess
Schnur, die	snor, en	cord
Schraube, die	skrue, en	screw
Schraubenschlüssel, der	skrunøkkel, en	spanner
Schraubenzieher, der	skrujern, et	screwdriver
Schreibtisch, der	skrivebord, et	desk
Schreiner(in)	møbelsnekker, en	joiner
schulden	å skylde	(to) owe
Schulden (plu)	gjeld, en	debts (plu)
Seil, das	reip, et	rope
sich leihen	å låne	(to) borrow
sparen	å spare	(to) save
Stahl, der	stål, et	steel
Standard, der	standard, en	standard
steigern	å forhøye	(to) increase
Strategie, die	strategi, en	strategy

11. Wirtschaft | Økonomi | Economy

technisch	teknisk	technical
Technologie, die	teknologi, en	technology
Teil, das	del, en	part
Telefon, das	telefon, en	telephone
tilgen	å slette	(to) pay off
Übernahme, die	overtakelse, en	acquisition
übernehmen	å overta	(to) take over
Überschuss, der	overskudd, et	surplus
überweisen	å overføre	(to) transfer
Umsatz, der	omsetning, en/ei	turnover
Unternehmen, das	bedrift, en	company
unterschreiben	å signere	(to) sign
Untersuchung, die	undersøkelse, en	investigation
Verbraucher(in)	konsument, en	consumer
Verfahren, das	fremgangsmåte, en	process
Verkauf, der	salg, et	sale
verkaufen	å selge	(to) sell
verleihen	å leie ut	(to) lend
Verlust, der	underskudd, et	loss
Vermögen, das	formue, en	assets
Versicherung, die	assuranse, en	insurance
Versuch, der	forsøk, et	attempt
Vertrag, der	kontrakt, en	contract
Vorrat, der	forråd, et	stocks
Wachstum, das	vekst, en	growth
Währung, die	valuta, en	currency
Waren (plu)	varer (plu)	goods (plu)

11. Wirtschaft | Økonomi | Economy

werben	å verve	(to) advertise
Werbung, die	reklame, en	advertisement
Werft, die	verft, et	shipyard
Werkstatt, die	verksted, et	workshop
Werkzeug, das	verktøy, et	tool
Wettbewerb, der	konkurranse, en	competition
Wirtschaft, die	økonomi, en	economy
Zahlung, die	betaling, en	payment
Zange, die	tang, en	pliers
Zins, der	rente, en/ei	interest
Zunahme, die	tilskudd, et	increase
zunehmen	å stige opp	(to) increase

12. Politik & Recht
Politikk & Rettighet
Politics & Law

Deutsch	Norwegisch	Englisch
abbrechen	å avbryte	(to) break off
Abkommen, das	overenskomst, en	agreement
abschaffen	å avskaffe	(to) abolish
Amt, das	kontor, et	office
Angriff, der	angrep, et	attack
Ärger, der	ergrelse, en	trouble
ausrauben	å robbe	(to) rob
Beamter, Beamtin	embetsmann, en	officer
Befehl, der	befaling, en/ei	order
befolgen	å følge	(to) obey
Behörde, die	øvrighet, en/ei	authority
Beobachtung, die	observasjon, en	observation
Berater(in)	konsulent, en	adviser
beschließen	å avgjøre	(to) pass
beschuldigen	å anklage	(to) accuse
besetzen	å okkupere	(to) occupy
bestrafen	å straffe	(to) punish
bewachen	å bevokte	(to) guard
bewaffnet	væpnet	armed
Beziehung, die	relasjon, en	relation

12. Politik & Recht | Politikk & Rettighet | Politics & Law

Bombe, die	bombe, en/ei	bomb
Botschaft, die	ambassade, en	embassy
brechen (Gesetz)	å brekke	(to) break
Bunker, der	bunker, en	shelter
Bürger(in)	borger, en	citizen
Debatte, die	debatt, en	debate
debattieren	å debattere	(to) debate
Demokratie, die	demokrati, et	democracy
Detektiv(in)	detektiv, en	detective
Dieb(in)	tjuv, en	thief
Diktatur, die	diktatur, et	dictatorship
diplomatisch	diplomatisk	diplomatic
drohen	å true	(to) threaten
Eigentum, das	eiendom, en	property
einbrechen	å bryte inn	(to) break in
Einspruch, der	innsigelse, en	objection
entführen	å kidnappe	(to) kidnap
Entwicklung, die	utvikling, en/ei	development
erklären	å deklarere	(to) declare
Erklärung, die	erklæring, en/ei	declaration
erlauben	å tillate	(to) permit
Erlaubnis, die	tillatelse, en	permission
ernennen	å oppnevne	(to) appoint
Europa	Europa	Europe
europäisch	europeisk	European
Exil, das	eksil, et	exile
Explosion, die	eksplosjon, en	explosion

12. Politik & Recht | Politikk & Rettighet | Politics & Law

Feind, der	fiende, en	enemy
Festnahme, die	gripende, et	arrest
Feuerwehr, die	brannvesen, et	fire brigade
Fingerabdruck, der	fingeravtrykk, et	fingerprint
fliehen	å flykte	(to) flee
Flucht, die	flukt, en	escape
Flüchtling	flyktning, en/ei	refugee
Folter, die	tortur, en	torture
Forderung, die	fordring, en/ei	demand
Fragebogen, der	skjema, et	questionnaire
frei	fri	free
Freiheit, die	frihet, en/et	freedom
Freiwillige(r)	frivillig, en	volunteer
Frieden, der	fred, en	peace
friedlich	fredelig	peaceful
Gebiet, das	område, et	district
Gefängnis, das	fengsel, et	prison
Gegner, der	motpart, en	opponent
geheim	hemmelig	secret
Gerechtigkeit, die	rettighet, en/ei	justice
Gericht, das	domstol, en	court
Gesetz, das	lov, en	law
Gesetzgebung, die	lovgivning, en/ei	legislation
Gewalt, die	vold, en	violence
gleichberechtigt	likeberettiget	equal
Hauptstadt, die	hovedstad, en	capital
identifizieren	å identifisere	(to) identify

12. Politik & Recht | Politikk & Rettighet | Politics & Law

Ideologie, die	ideologi, en	ideology
international	internasjonal	international
Invasion, die	invasjon, en	invasion
jugendlich	ungdommelig	juvenile
Kaiserreich, das	keiserdømme, et	empire
Kampf, der	kamp, en	fight
kämpfen	å kjempe	(to) fight
Kandidat(in)	kandidat, en	candidate
Kapitalismus, der	kapitalisme	capitalism
Kolonie, die	koloni, en	colony
kommunistisch	kommunistisk	communist
Kompromiss, der	kompromiss, et	compromise
Konflikt, der	konflikt, en	conflict
Kongress, der	kongress, en	conference
König(in)	konge, dronning	king, queen
Kontrolle, die	kontroll, en	control
Krieg, der	krig, en	war
kriminell	kriminell	criminal
Krise, die	krise, en/ei	crisis
Krone, die	krone, en	crown
Land, das	land, et	country
legal	legal	legal
leugnen	å benekte	(to) deny
Liberalismus, der	liberalisme	liberalism
Lobby, die	påtrykksgruppe, en	lobby
Macht, die	makt, en/ei	power
mächtig	mektig	powerful

12. Politik & Recht | Politikk & Rettighet | Politics & Law

Marine, die	marine, en	navy
Marsch, der	marsj, en	march
Mehrheit, die	flertall, et	majority
Menschenrechte (plu)	menneskerettighetene (plu)	human rights (plu)
Militär, das	militær, en	army
Minderheit, die	mindretall, et	minority
Mitglied, das	medlem, et	member
Monarchie, die	monarki, et	monarchy
Mord, der	mord, et	murder
Mörder(in)	morder, en	murderer
Nation, die	nasjon, en	nation
national	nasjonal	national
Nationalismus, der	nasjonalisme	nationalism
nationalistisch	nasjonalistisk	nationalist
neutral	nøytral	neutral
Niederlage, die	nederlag, et	defeat
öffentlich	offentlig	public
Öffentlichkeit, die	offentlighet, en/ei	public
offiziell	offisiell	official
Opfer, das	offer, et	victim
Opposition, die	opposisjon, en	opposition
Osten, der	Østen	the East
Panzer, der	panser, en	tank
Parlament, das	parlament, et	parliament
Partei, die	parti, et	party
pflegen	å pleie	(to) maintain
Politik, die	politikk, en	politics

12. Politik & Recht | Politikk & Rettighet | Politics & Law

Politiker(in)	politiker, en	politician
politisch	politisk	political
Polizei, die	politi, et	police
Präsident(in)	president, en	president
privat	privat	private
protestieren	å protestere	(to) protest
provozieren	å provosere	(to) provoke
Rakete, die	rakett, en	missile
Rathaus, das	rådhus, et	town hall
Recht, das	rettighet, en/ei	right
Rechtsanwalt/-anwältin	advokat, en	lawyer
Rede, die	tale, en	speech
Regel, die	regel, en	rule
regieren	å regjere	(to) govern
Regierung, die	regjering, en/ei	government
Region, die	region, en	region
regional	regional	regional
repräsentieren	å representere	represent
retten	å redde	(to) rescue
Richter(in)	dommer, en	judge
Sanktion, die	sanksjon, en	sanction
schießen	å skyte	(to) shoot
schuldig	skyldig	guilty
Sieg, der	seier, en	victory
Soldat(in)	soldat, en	soldier
Sozialismus, der	sosialisme	socialism
Spende, die	gave, en/ei	donation

12. Politik & Recht | Politikk & Rettighet | Politics & Law

Staat, der	stat, en	the state
Staatsgrenze, die	grense, en/ei	border
Staatsstreich, der	statskupp, et	coup
stabil	stabil	stable
stehlen	å stjele	(to) steal
Steuer, die	avgift, en/ei	tax
Stimme, die	stemme, en	vote
Strafe, die	straff, en	punishment
streng	striks	strict
System, das	system, et	system
Terrorismus	terrorisme	terrorism
Terrorist(in)	terrorist, en	terrorist
Thema, das	tema, et	issue
töten	å drepe	(to) kill
Trennung, die	separasjon, en	separation
Umfrage, die	rundspørring, en/ei	poll
Unabhängigkeit, die	uavhengighet, en/ei	independence
Uniform, die	uniform, en/ei	uniform
unschuldig	uskyldig	innocent
Unterstützung, die	hjelp, en/ei	support
untersuchen	å befare	(to) investigate
Untersuchung, die	undersøkelse, en	investigation
Urteil, das	dom, en	judgment
verbieten	å forby	(to) forbid
Verbot, das	forbud, et	ban
Verbrechen, das	forbrytelse, en	crime
verdächtigen	å mistenke	(to) suspect

12. Politik & Recht | Politikk & Rettighet | Politics & Law

Vereinigung, die	forening, en/ei	organization
Vereinten Nationen (plu)	Forente Nasjoner (plu)	the United Nations (plu)
Verfassung, die	forfatning, en/ei	constitution
Vergewaltigung, die	voldtekt, en	rape
verhandeln	å forhandle	(to) negotiate
Verhandlung, die	forhandling, en/ei	negotiation
vermisst	forsvunnet	missing
verteidigen	å forsvare	(to) defend
Vertrag, der	kontrakt, en	treaty
verurteilen	å dømme	(to) convict
Verwaltung, die	administrasjon, en	administration
Volk, das	folk, et	people
Vorschlag, der	forslag, et	proposal
vorschlagen	å foreslå	(to) propose
Waffe, die	våpen, et	weapon
Wahl, die	valg, et	election
wählen	å velge	(to) vote
Westen, der	vest	the West
westlich	vestlig	western
Widerstand, der	motstand, en	resistance
zerstören	å destruere	(to) destroy
Zeuge, Zeugin	vitne, et	witness
Ziel, das	mål, et	aim
zugeben	å erkjenne	(to) confess

13. Natur
Natur
Nature

Deutsch	Norwegisch	Englisch
Adler, der	ørn, en	eagle
alternativ	alternativ	alternative
Altpapier, das	brukt papir, et	wastepaper
Ameise, die	maur, en	ant
angeln	å fiske	(to) fish
Ast, der	grein, en	branch
Atmosphäre, die	atmosfære, en	atmosphere
Atom, das	atom, et	atom
aufgehen	å gi opp	(to) rise
ausbeuten	å utbytte	(to) exploit
Bär, der	bjørn, en	bear
Bauernhof, der	bondegård, en	farm
Baum, der	tre, et	tree
bellen	å bjeffe	(to) bark
Berg, der	fjell, et	mountain
Bergwerk, das	gruve, en	mine
besiedelt	bebygd	populated
Biene, die	bie, en/ei	bee
blasen, wehen	å blåse	(to) blow
Blatt, das	blad, et	leaf

13. Natur | Natur | Nature

Blitz, der	lyn, et	lightning
Blume, die	blomst, en	flower
Boden, der	grunn, en	ground
Brunnen, der	brønn, en	well
chemisch	kjemisk	chemical
Delphin, der	delfin, en	dolphin
Diamant, der	diamant, en	diamond
Dichte, die	tetthet, en/ei	density
Donner, der	torden, en	thunder
Dorf, das	landsby, en	village
dunkel	mørk	dark
Dunkelheit, die	mørke, et	darkness
Ei, das	egg, et	egg
Eiche, die	eik, en/ei	oak
Eimer, der	bøtte, en/ei	bucket
Einwohner(in)	innbygger, en	inhabitant
Eis, das	is, en	ice
Eisen, das	jern, et	iron
Elefant, der	elefant, en	elephant
Elektrizität, die	elektrisitet, en	electricity
Element, das	element, et	element
Energie, die	energi, en	energy
Ente, die	and, en/ei	duck
Entstehung, die	opprinnelse, en	formation
Erdbeben, das	jordskjelv, et	earthquake
Erde, die	jord, en/ei	earth
erneuerbar	fornybar	renewable

13. Natur | Natur | Nature

Ernte, die	grøde, en	harvest
ersetzen	å erstatte	(to) replace
fällen	å felle	(to) cut down
Feld, das	felt, et	field
Fels, der	sva, et	rock
fest, kompakt	fast	solid
feucht	fuktig	damp
Feuer, das	fyr, en	fire
Fisch, der	fisk, en	fish
flach	flat	flat
fliegen	å fly	(to) fly
fließen	å flyte	(to) flow
Fluss, der	elv, en/ei	river
flüssig	flytende	liquid
Flüssigkeit, die	væske, en/ei	liquid
Flut, die	flo, en	flood
Forelle, die	ørret, en	trout
frieren	å fryse	(to) freeze
Frühling, der	vår, en	spring
Fuchs, der	rev, en	fox
füttern	å fôre	(to) feed
Galaxie, die	galakse, en	galaxy
Garten, der	hage, en	garden
Gebiet, das	område, et	area
Geschwindigkeit, die	fart, en	speed
Getreide, das	korn, et	grain
Gewitter, das	uvær, et	thunderstorm

13. Natur | Natur | Nature

gießen	å vanne	(to) water
Gipfel, der	topp, en	summit
Gletscher, der	bre, en	glacier
Gold, das	gull, et	gold
Grad, der	grad, en	degree
Gras, das	gress, et	grass
Großstadt, die	storby, en	city
Gummi, das	gummi, en	rubber
heiß	het	hot
Herbst, der	høst, en	autumn
Himmel, der	himmel, en	sky
Höhle, die	hule, en/ei	cave
Horizont, der	horisont, en	the horizon
Huhn, das	høne, en/ei	chicken
Hund, der	hund, en	dog
Insekt, das	insekt, et	insect
Insel, die	øy, en/ei	island
intensiv	intensiv	intensive
jagen	å jage	(to) hunt
Jahreszeit, die	årstid, en/ei	season
kahl	bar	bare
kalt	kald	cold
Katze, die	katt, en	cat
Kiefer, die	furu, en/ei	pine
Klima, das	klima, et	climate
Klimawandel, der	klimaskifte, et	climate change
Kohle, die	kull, et	coal

13. Natur | Natur | Nature

Kompass, der	kompass, et	compass
konsumieren	å konsumere	(to) consume
Kontinent, der	kontinent, et	continent
kritisch	kritisk	critical
Kuh, die	ku, en	cow
Kupfer, das	kopper, et	copper
Küste, die	kyst, en	coast
Lachs, der	laks, en	salmon
Lamm, das	lam, et	lamb
ländlich	landlig	rural
Landschaft, die	landskap, et	landscape
Landwirtschaft, die	landbruk, et	agricultural
lebend	nålevende	living
Leute, Menschen (plu)	mennesker (plu)	people (plu)
Loch, das	hull, et	hole
lokal	lokal	local
Löwe, der	løve, en	lion
Luft, die	luft, en	air
Mais, der	mais, en	corn
Mangel, der	knapphet, en/ei	shortage
Markt, der	marked, et	market
Materie, die	materie, en	matter
Maus, die	mus, en	mouse
Meer, das	sjø, en	sea
melken	å melke	(to) milk
Mensch, der	menneske, et	human
Milch, die	melk, en/ei	milk

13. Natur | Natur | Nature

mischen	å mikse	(to) mix
Mond, der	måne, en	moon
nachhaltig	varig	sustainable
nass	våt	wet
Nationalpark, der	nasjonalpark, en	national park
Natur, die	natur, en	nature
natürlich	naturlig	natural
Nebel, der	tåke, en	fog
Norden, der	nord, en	the north
nördlich	nord	northern
Nuss, die	nøtt, en/ei	nut
Oberfläche, die	overflate, en	surface
ökologisch	økologisk	ecological
Öl, das	olje, en/ei	oil
Osten, der	øst, en	the east
östlich	øst	eastern
Ozean, der	osean, et	ocean
Papier, das	papir, et	paper
Park, der	park, en	park
Pferd, das	hest, en	horse
Pflanze, die	plante, en/ei	plant
pflücken	å plukke	(to) pick
Planet, der	planet, en	planet
Pol, der	pol, en	pole
polar	polar	polar
Pulver, das	pulver, et	powder
Quelle, die	kilde, en	spring

13. Natur | Natur | Nature

radioaktiv	radioaktiv	radioactive
Rasen, der	plen, en	lawn
Rasenmäher, der	plenklipper, en	lawnmower
Rauch, der	røyk, en	smoke
Regen, der	regn, et	rain
Regenbogen, der	regnbue, en	rainbow
reif	moden	ripe
reiten	å ri	(to) ride
Rinde, die	bark, en	bark
Risiko, das	risiko, en	risk
Sand, der	sand, en	sand
Sauerstoff, der	surstoff, et	oxygen
Schaden, der	skade, en	damage
Schaf, das	får, et	sheep
Schatten, der	skygge, en	shadow
Schlamm, der	slam, et	mud
Schlange, die	orm, en	snake
schmelzen	å smelte	(to) melt
Schmutz, der	smuss, et	dirt
Schnee, der	snø, en	snow
schön	fin	fine
schützen	å beskytte	(to) protect
Schwanz, der	hale, en	tail
Schwein, das	svin, et	pig
See, der	vann, et	lake
Silber, das	sølv, et	silver
Situation, die	situasjon, en	situation

13. Natur | Natur | Nature

Sommer, der	sommer, en	summer
Sonne, die	sol, en	sun
Sonnenlicht, das	sollys, et	sunlight
Sonnenschein, der	solskinn, et	sunshine
sonnig	solrik	sunny
städtisch	bymessig	urban
Stamm, der	stamme, en	trunk
steil ansteigend	steil	steep
Stein, der	stein, en	stone
Stern, der	stjerne, en/ei	star
Strand, der	stand, en	beach
Stroh, das	strå, et	straw
Sturm, der	storm, en	storm
Süden, der	syd, en	the south
südlich	søndre	southern
Tal, das	dal, en	valley
Temperatur, die	temperatur, en	temperature
Thermometer, das	termometer, et	thermometer
tief	dyp	deep
Tier, das	dyr, et	animal
Tiger, der	tiger, en	tiger
Traktor, der	traktor, en	tractor
trocken	tørr	dry
überleben	å overleve	(to) survive
Ufer, das	bredd, en/ei	shore
Umwelt, die	omgivelser (plu)	the environment
unter	under	below

13. Natur | Natur | Nature

untergehen	å gå ned	(to) set
verringern	å forringe	(to) reduce
Verschmutzung, die	forurensning, en/ei	pollution
verursachen	å volde	(to) cause
Vogel, der	fugl, en	bird
Vorgang, der	prosess, en	process
Vulkan, der	vulkan, en	volcano
wachsen	å vokse	(to) grow
Wal, der	hval, en	whale
warm	varm	warm
Wasser, das	vann, et	water
Weizen, der	hvete, en	wheat
Welle, die	bølge, en/ei	wave
Welt, die	verden, en	world
Weltraum, der	verdensrom, et	space
weltweit	verdensomspennende	global
Westen, der	vest, en	the west
westlich	vestre	western
Wetter, das	vær, et	weather
wild	vill	wild
Wind, der	vind, en	wind
Winter, der	vinter, en	winter
Wolf, der	ulv, en	wolf
Wolke, die	sky, en/ei	cloud
wolkenlos	skyfri	clear
Wurzel, die	rot, en	root
Wüste, die	ørken, en	desert

13. Natur | Natur | Nature

Zaun, der	gjerde, et	fence
zerstören	å destruere	(to) destroy
Ziege, die	geit, en	goat
zittern	å skjelve	(to) shake
Zone, die	sone, en/ei	zone

14. Verkehr & Reise
Traffik & Reise
Traffic & Journey

Deutsch	Norwegisch	Englisch
abbiegen	å svinge	(to) turn
abfahren, abfliegen	å gå	(to) leave
Abreise, die	avreise, en/ei	departure
absagen	å avlyse	(to) cancel
Absturz, der	fall, en	crash
Anker, der	anker, et	anchor
ankommen	å ankomme	(to) arrive
Ankunft, die	ankomst, en	arrival
Ansage, die	melding, en/ei	announcement
Auswahl, die	utvalg, et	choice
Ausweis, der	legitimasjon, en	identify card
Auto, das	bil, en	car
Autobahn, die	motorvei, en	motorway
Bad, das	bad, et	bath
Bahnhof, der	stasjon, en	station
Bahnsteig, der	plattform, en/ei	platform
Bar, die	bar, en	bar
bedienen	å ekspedere	(to) serve
Bedienung	servering, en/ei	service
begleiten	å følge	(to) accompany

14. Verkehr & Reise | Traffik & Reise | Traffic & Journey

Benzin, das	bensin, en	gas
bestellen	å bestille	(to) order
Besuch, der	besøk, et	visit
Bett, das	seng, en/ei	bed
blinken	å blinke	(to) indicate
Bremse, die	bremse, en/ei	brake
Brücke, die	bru, en/ei	bridge
Bus, der	buss, en	bus
Denkmal, das	monument, et	monument
direkt	direkte	direct
Dokument, das	dokument, et	document
Durchsuchung, die	ransaking, en/ei	inspection
Dusche, die	dusj, en	shower
Ecke, die	hjørne, et	corner
erreichen	å nå	(to) reach
Fähre, die	ferge, en	ferry
fahren	å dra	(to) drive
Fahrkarte, die	billett, en	ticket
Fahrrad, das	sykkel, en	bike
Fahrzeug, das	farkost, en	vehicle
Fenster, das	vindu, et	window
Ferienhaus, das	landsted, et	holiday home
Fischerboot, das	fiskerbåt, en	fishing boat
fliegen	å fly	(to) fly
Flug	flytur, en	flight
Flughafen, der	lufthavn, en	airport
Flugzeug, das	fly, et	plane

14. Verkehr & Reise | Traffikk & Reise | Traffic & Journey

Führerschein, der	førerkort, et	driving license
Gast, der	gjest, en	guest
Gebühr, die	avgift, en/ei	charge
Gehweg, der	fortau, et	sidewalk
Gepäckausgabe, die	bagasjeutlevering, en	baggage claim
geradeaus	rett fram	straight
Geschenk, das	gave, en/ei	gift
Geschwindigkeit, die	fart, en	speed
gültig	gjeldende	valid
Hafen, der	havn, en	harbour
Handgepäck, das	håndbagasje, en	hand baggage
Hotel, das	hotell, et	hotel
hupen	å tute	(to) honk
Information, die	informasjon, en	information
Jacht, die	jakt, en	yacht
Kabine, die	kabin, en	cabin
Kathedrale, die	katedral, en	cathedral
Kneipe, die	bule, en/ei	pub
Koch, Köchin	kokk, kokke	chef
Kreisverkehr, der	rundkjøring, en/ei	roundabout
Kreuzfahrt, die	cruisefart, en	cruise
Kreuzung, die	kryss, et	intersection
Ladung, die	ladning, en/ei	load
landen	å lande	(to) land
langsam	langsom	slow
Lastwagen, der	lastebil, en	truck
mieten	å leie	(to) rent

14. Verkehr & Reise | Traffik & Reise | Traffic & Journey

Motorrad, das	motorsykkel, en	motorcycle
parken	å parkere	(to) park
Parkplatz, der	parkeringsplass, en	parking lot
Passagier, der	passasjer, en	passenger
passieren	å skje	(to) happen
pendeln	å pendle	(to) commute
Personal, das	personale, et	staff
Pilot(in)	pilot, en	pilot
Rad, das	hjul, et	wheel
Rechnung, die	regning, en/ei	bill
regelmäßig	jevnlig	frequent
Reifen, der	dekk, et	tyre
Reisepass, der	pass, et	passport
reservieren	å reservere	(to) reserve
Restaurant, das	restaurant, en	restaurant
Rezeption, die	resepsjon, en	reception
Rücksitz, der	baksete, et	back seat
Ruine, die	ruin, en	ruins
Schiff, das	båt, en	ship
Schlafsack, der	sovepose, en	sleeping bag
Schlauchboot, das	gummibåt, en	rubber boat
schleppen	å taue	(to) tow
Schloss, das	slott, et	palace
schnell	rask	fast
Sehenswürdigkeit, die	severdighet, en/ei	sights (plu)
Sicherheit, der	sikkerhet, en/ei	security
Sicherheitskontrolle, die	sikkerhetskontroll, en	security check

14. Verkehr & Reise | Traffikk & Reise | Traffic & Journey

sinken	å synke	(to) sink
Sitz, der	sete, et	seat
Souvenir, das	suvenir, et	souvenir
Spaziergang, der	spasertur, en	walk
Speisekarte, die	meny, en	menu
starten	å starte	(to) take off
Statue, die	statue, en	statue
Stau, der	bilkø, en	traffic jam
Stempel, der	stempel, et	stamp
Straße, die	vei, en	road
Straßenbahn, die	sporvei, en	tram
Straßenkarte, die	veikart, et	road map
Tankstelle, die	bensinstasjon, en	gas station
Taxi, das	drosje, en/ei	taxi
teilen	å dele	(to) share
Toilette, die	toalett, et	toilet
Tourist(in)	turist, en	tourist
transportieren	å transportere	(to) transport
trinken	å drikke	(to) drink
Trinkgeld, das	drikkepenger (plu)	tip
Tunnel, der	tunnel, en	tunnel
überholen	å passere	(to) pass
übernachten	å overnatte	(to) stay
überprüfen	å kontrollere	(to) check
überqueren	å krysse	(to) cross
umsteigen	å skifte	(to) change
Unfall, der	ulykke, en/ei	accident

14. Verkehr & Reise | Traffikk & Reise | Traffic & Journey

Unterkunft, die	innkvartering, en/ei	accomodation
Verbindung, die	forbindelse, en	connection
Verkehr, der	trafikk, en	traffic
Verkehrsschild, das	trafikkskilt, et	road sign
vermeiden	å unngå	(to) avoid
verpassen	å gå glipp av	(to) miss
Verspätung, die	forsinkelse, en	delay
Visum, das	visum, et	visa
wählen	å velge	(to) choose
Weg, der	vei, en	way
Wohnmobil, das	bobil, en	camper
Zelt, das	telt, et	tent
zelten	å campe	(to) camp
Zeltplatz, der	teltplass, en	campsite
Zimmer, das	rom, et	room
Zoll, der	toll, en	customs
Zoo, der	dyrehage, en	zoo
Zug, der	tog, et	train

15. Medien & Kommunikation
Media & Kommunikasjon
Media & Communication

Deutsch	Norwegisch	Englisch
Adresse, die	adresse, en/ei	address
anhören	å høre på	(to) listen
Anruf, der	oppringning, en/ei	call
Antwort, die	svar, et	reply
antworten	å svare	(to) reply
Artikel	artikkel, en	article
aufnehmen	å bånd	(to) record
ausschalten	å slå av	(to) switch off
bekommen	å få	receive
benutzen	å benytte	(to) use
Benutzername, der	brukernavn, et	username
Bericht, der	rapport, en	report
berichten	å rapportere	(to) report
Bild, das	bilde, et	image
Bildschirm, der	billedskjerm, en	screen
Brief, der	brev, et	letter
Briefmarke, die	frimerke, et	stamp
Buch, das	bok, en/ei	book
CD, die	cd, en	CD
Computer, der	datamaskin, en	computer

15. Medien & Kommunikation | Media & Kommunikasjon | Media & Communication

Datei, die	fil, en/ei	file
digital	digital	digital
dringend	utholdende	urgent
drucken	å skrive ut	(to) print
drücken	å trykke	(to) press
Drucker, der	trykker, en	printer
Einfluss, der	innflytelse, en	influence
einschalten	å sette på	(to) switch on
extern	ekstern	external
Fernseher, der	tv, en	television
Film, der	film, en	film
Format, das	format, et	format
Foto, das	foto, et	photo
Fotokamera, die	kamera, et	camera
Funktion, die	funksjon, en	facility
Handy, das	mobiltelefon, en	mobile
Information, die	informasjon, en	information
informieren	å informere	(to) inform
Inhalt, der	innhold, et	content
installieren	å installere	(to) install
intern	intern	internal
Internet, das	internett, et	internet
Karikatur, die	karikatur, en	cartoon
kleben	å klebe	(to) stick
klingeln	å ringe	(to) ring
Kommunikation, die	kommunikasjon, en	communication
kopieren	å kopiere	(to) copy

15. Medien & Kommunikation | Media & Kommunikasjon | Media & Communication

Lautsprecher, der	høyttaler, en	speaker
Lautstärke, die	volum, et	volume
Medien (plu)	media (plu)	the media (plu)
Mikrofon, das	mikrofon, en	microphone
Nachricht, die	melding, en	message
Netzwerk, das	nettverk, et	network
öffentlich	offentlig	public
öffnen	å åpne	(to) open
Paket, das	pakke, en/ei	package
Post, die	post, en	post
Postamt, das	postkontor, et	post office
Postkarte, die	postkort, et	postcard
Postleitzahl, die	postnummer, et	zip code
Presse, die	presse, en/ei	the press
Programm, das	program, et	program
programmieren	å programmere	(to) program
Radio, das	radio, en	radio
Reporter(in)	reporter, en	reporter
Schallplatte, die	grammofonplate, en/ei	record
Schlagzeile, die	avisoverskrift, en/ei	headline
Seite, die	side, en/ei	page
Sender, der	stasjon, en	station
speichern	å lagre	(to) store
sprechen	å snakke	(to) speak
Studio, das	studio, et	studio
Tastatur, die	tastatur, et	keyboard
Taste, die	tast, en	button

15. Medien & Kommunikation | Media & Kommunikasjon | Media & Communication

Telefon, das	telefon, en	phone
Telefonbuch, das	telefonkatalog, en	directory
Telefonnummer, die	telefonnummer, et	phone number
Telefonzelle, die	telefonboks, en	phone box
Text, der	tekst, en	text
Titel, der	tittel, en	title
Verbindung, die	forbindelse, en	connection
Verlag, der	forlag, et	publisher
Werbung, die	reklame, en	advertising
Wörterbuch, das	ordbok, en/ei	dictionary
Zeitung, die	avis, en/ei	newspaper
Zitat, das	sitat, et	quotation
Zugang, der	atkomst, en	access
zuschauen	å se på	(to) watch

16. Zahlen, Zeit & Farben
Taller, Tid & Farger
Numbers, Time & Colours

Deutsch	Norwegisch	Englisch

Mengenbegriffe

addieren	å addere	(to) add
alles	alt	everything
Anzahl, die	antall, et	number
Ausmaß, das	dimensjon, en	extent
Begrenzung, die	begrensning, en/ei	limit
beide	begge	both
bisschen	litt	bit
dividieren (durch)	å dele	(to) divide (by)
Durchschnitt, der	gjennomsnitt, et	average
Dutzend, das	dusin, et	dozen
einige	noen	some
einzige(r, s)	eneste	only
etwas	noe	something
ganz	hel	whole
genau	nøyaktig	exact
gesamt	total	total
gleich	like	equal
Hälfte, die	halvdel, en	half
jede(r, s)	hver	every
knapp	knapp	short

16. Zahlen, Zeit & Farben | Taller, Tid & Farger | Numbers, Time & Colours

Mangel, der	knapphet, en/ei	lack
Menge, die	mengde, en	amount
minus	minus	minus
multiplizieren	å multiplisere	(to) multiply
nichts	ingenting	nothing
plus	pluss	plus
Prozent, das	prosent, en	per cent
Rest, der	rest, en	rest
Stück, das	stykke, et	piece
subtrahieren	å subtrahere	(to) subtract
Summe, die	sum, en	sum
Tropfen, der	drypp, et	drop
ungefähr	omtrent	roughly
viel	mange, mye	much, many
wenig	lite	little
zahlreich	tallrik	numerous

Zahlen

einmal	en gang	once
erste(r, s)	først	first
präzise	presis	precise
Zahl, die	tall, et	figure
zählen	å telle	(to) count
zweimal	to ganger	twice
zweite(r, s)	annen	second
null	null	zero

16. Zahlen, Zeit & Farben | Taller, Tid & Farger | Numbers, Time & Colours

eins	en	one
zwei	to	two
drei	tre	three
vier	fire	four
fünf	fem	five
sechs	seks	six
sieben	sju / syv	seven
acht	åtte	eight
neun	ni	nine
zehn	ti	ten
elf	elleve	eleven
zwölf	tolv	twelve
dreizehn	tretten	thirteen
vierzehn	fjorten	fourteen
fünfzehn	femten	fifteen
sechzehn	seksten	sixteen
siebzehn	søtten	seventeen
achtzehn	atten	eighteen
neunzehn	nitten	nineteen
zwanzig	tjue	twenty
einundzwanzig	tjueen	twenty-one
zweiundzwanzig	tjueto	twenty-two
dreißig	tretti	thirty
vierzig	førti	fourty
fünfzig	femti	fifty
sechzig	seksti	sixty
siebzig	sytti	seventy
achtzig	åtti	eighty
neunzig	nitti	ninety
hundert	hundre	hundred
tausend	tusen	thousand
Million	million	million
Milliarde	milliard	billion

16. Zahlen, Zeit & Farben | Taller, Tid & Farger | Numbers, Time & Colours

Maße & Gewichte

breit	bred	wide
Breite, die	bredde, en	width
Gewicht, das	vekt, en/ei	weight
Gramm, das	gram, et	gram
hoch	høy	high
Höhe, die	høyde, en	height
kurz	kort	short
lang	lang	long
Länge, die	lengde, en/ei	length
leicht	lett	light
Liter, der	liter, en	litre
Maßstab, der	målestokk, en	scale
messen	å måle	(to) measure
Messung, die	måling, en/ei	measurement
Meter, der	meter, en	metre
niedrig	lav	low
schwer	tung	heavy
tief	dyp	deep
Tiefe, die	dyp, et	depth
Volumen, das	volum, et	volume
Waage, die	vekt, en/et	scales
wiegen	å veie	(to) weigh

16. Zahlen, Zeit & Farben | Taller, Tid & Farger | Numbers, Time & Colours

Raum

abwärts	nedad	downwards
anwesend	nærværende	present
aufwärts	opp	upwards
dort	der	there
draußen	ute	outside
drinnen	inne	inside
durch	gjennom	through
Entfernung, die	distanse, en	distance
gegenüber	mot	opposite
hier	her	here
in	i	in
irgendwo	noensteds	somewhere
Lage, die	lokasjon, en	location
links	til venstre	left
Mitte, die	midte, en	middle
nahe	nær	near
neben	ved siden av	beside
nirgendwo	ingen sted	nowhere
Platz, der	plass, en	place
Position, die	posisjon, en	position
Raum, der	rom, et	space
rechts	til høyre	right
Reichweite, die	rekkevidde, en/ei	range
Richtung, die	retning, en/ei	direction

16. Zahlen, Zeit & Farben | Taller, Tid & Farger | Numbers, Time & Colours

Seite, die	side, en/ei	side
über	over	above
überall	overalt	anywhere
unter	under	under / below
weit	vid	far
zentral	sentral	central
zurück	tilbake	back
zwischen	mellom	between

Zeit

Abend, der	kveld, en	evening
abschließen	å avslutte	(to) finish
bald	snart	soon
Beginn, der	begynnelse, en	beginning
beginnen	å begynne	(to) begin
danach	etterpå	afterwards
dann	så	then
Datum, das	dato, en	date
dauern	å ta	(to) last
Ende, das	ende, en	end
endlich	endelig	finally
endlos	endeløs	endless
früh	tidlig	early
Frühling, der	vår	spring
gestern	i går	yesterday
häufig	ofte	frequent

16. Zahlen, Zeit & Farben | Taller, Tid & Farger | Numbers, Time & Colours

Herbst, der	høst, en	autumn
heute	i dag	today
heutzutage	i våre dager	nowadays
immer	alltid	always
Jahr, das	år, et	year
Jahreszeit, die	årstid, en/ei	season
Jahrhundert, das	hundreår, et	century
jährlich	årlig	annual
jetzt	nå	now
Minute, die	minutt, et	minute
momentan	nåværende	currently
Monat, der	måned, en	month
monatlich	månedlig	monthly
morgen	i morgen	tomorrow
Morgen, der	morgen, en	morning
Nachmittag, der	ettermiddag, en	afternoon
Nacht, die	natt, en/ei	night
nie	aldri	never
plötzlich	plutselig	suddenly
Quartal, das	kvartal, et	quarter
Sekunde, die	sekund, et	second
selten	sjelden	seldom
sofort	med en gang	immediately
Sommer, der	sommer, en	summer
spät	sen	late
Stunde, die	time, en	hour
Tag, der	dag, en	day

16. Zahlen, Zeit & Farben | Taller, Tid & Farger | Numbers, Time & Colours

täglich	hverdags	daily
Uhr (Uhrzeit)	klokke, en/ei	o'clock
Vergangenheit, die	fortid, en/ei	past
während	mens	during
wann	når	when
warten	å vente	(to) wait
wieder	igjen	again
Winter, der	vinter, en	winter
Woche, die	uke, en/ei	week
Wochenende, das	weekend, en	weekend
Zeit, die	tid, en/ei	time
Zeitalter, das	tidsalder, en	age
Zukunft, die	fremtid, en/ei	future
Montag, der	mandag, en	Monday
Dienstag, der	tirsdag, en	Tuesday
Mittwoch, der	onsdag, en	Wednesday
Donnerstag, der	torsdag, en	Thursday
Freitag, der	fredag, en	Friday
Samstag, der	lørdag, en	Saturday
Sonntag, der	søndag, en	Sunday
Januar, der	januar, en	January
Februar, der	februar, en	February
März, der	mars, en	March
April, der	april, en	April
Mai, der	mai, en	May
Juni, der	juni, en	June
Juli, der	juli, en	July
August, der	august, en	August

16. Zahlen, Zeit & Farben | Taller, Tid & Farger | Numbers, Time & Colours

September, der	september, en	September
Oktober, der	oktober, en	October
November, der	november, en	November
Dezember, der	desember, en	December

Farben

blass	bleik	pale
blau	blå	blue
braun	brun	brown
bunt	fargerik	colourful
dunkel	mørk	dark
Farbe, die	farge, en	colour
farblos	fargeløs	colourless
gelb	gul	yellow
golden	gylden	gold
grau	grå	grey
grün	grønn	green
hell	lys	light
orange	oransje	orange
rosa	rosa	pink
rot	rød	red
schwarz	svart	black
violett	fiolett	violet
weiß	hvit	white

16. Zahlen, Zeit & Farben | Taller, Tid & Farger | Numbers, Time & Colours

Formen

Dreieck, das	trekant, en	triangle
Figur, die	figur, en	figure
Form, die	form, en/ei	form
Herz, das	hjerte, et	heart
Kreis, der	sirkel, en	circle
Kurve, die	kurve, en	curve
Linie, die	linje, en/ei	line
oval	oval	oval
parallel	parallell	parallel
Punkt, der	punkt, en	dot
quadratisch	kvadratisk	square
Rand, der	rand, en	edge
Raute, die	rombe, en	diamond
Rechteck, das	rektangel, en	rectangle
rund	rund	round
senkrecht	loddrett	vertical
Stern, der	stjerne, en/ei	star
waagerecht	vannrett	horizontal
Winkel, der	vinkel, en	angle
Würfel, der	kube, en	cube
Zylinder, der	sylinder, en	cylinder

17. Nationen
Nasjoner
Nations

Deutsch	Norwegisch	Englisch
Albanien	Albania	Albania
Algerien	Algerie	Algeria
Argentinien	Argentina	Argentina
Australien	Australia	Australia
Belgien	Belgia	Belgium
Bolivien	Bolivia	Bolivia
Brasilien	Brazil	Brazil
Bulgarien	Bulgaria	Bulgaria
Chile	Chile	Chile
China	Kina	China
Dänemark	Danmark	Denmark
Deutschland	Tyskland	Germany
Estland	Estland	Estonia
Färöer	Færøyene	Faroe Islands
Finnland	Finland	Finland
Frankreich	Frankrike	France
Griechenland	Hellas	Greece
Grönland	Grønland	Greenland
Großbritannien	Storbritannia	Great Britain
Indien	India	India

17. Nationen | Nasjoner | Nations

Indonesien	Indonesia	Indonesia
Irland	Irland	Ireland
Island	Island	Iceland
Israel	Israel	Israel
Japan	Japan	Japan
Iran	Iran	Iran
Irak	Irak	Iraq
Kanada	Canada	Canada
Kolumbien	Colombia	Colombia
Kroatien	Kroatia	Croatia
Kuba	Cuba	Cuba
Lettland	Latvia	Latvia
Litauen	Litauen	Lithuania
Luxemburg	Luxembourg	Luxembourg
Malta	Malta	Malta
Marokko	Marokko	Morocco
Mexiko	Mexico	Mexico
Mongolei	Mongolia	Mongolia
Nepal	Nepal	Nepal
Niederlande	Nederland	the Netherlands
Norwegen	Norge	Norway
Österreich	Østerrike	Austria
Pakistan	Pakistan	Pakistan
Paraguay	Paraguay	Paraguay
Peru	Peru	Peru
Portugal	Portugal	Portugal
Polen	Polen	Poland

17. Nationen | Nasjoner | Nations

Rumänien	Romania	Romania
Russland	Russland	Russia
Saudi-Arabien	Saudi-Arabia	Saudi Arabia
Schweden	Sverige	Sweden
Schweiz	Sveits	Switzerland
Serbien	Serbia	Serbia
Slowakei	Slovakia	Slovakia
Slowenien	Slovenia	Slovenia
Spanien	Spania	Spain
Spitzbergen	Svalbard	Spitsbergen
Südafrika	Sørafrika	South Africa
Thailand	Thailand	Thailand
Tschechien	Tsjekkia	Czech Republic
Türkei	Tyrkia	Turkey
Ukraine	Ukraina	Ukraine
Uruguay	Uruguay	Uruguay
Ungarn	Ungarn	Hungary
Venezuela	Venezuela	Venezuela
Vereinigte Staaten	Forente stater (U.S.A)	United States
Vietnam	Vietnam	Vietnam
Zypern	Kypros	Cyprus

18. Unregelmäßige Verben – Norwegisch

Deutsch	Norw.	Präs.	Prät.	Perfekt
beißen	å bite	biter	bet	har bitt
bleiben	å bli	blir	ble	har blitt
bringen	å bringe	bringer	brakte	har brakt
fahren	å kjøre	kjører	kjørte	har kjørt
finden	å finne	finner	fant	har funnet
folgen	å følge	følger	fulgte	har fulgt
gehen	å gå	går	gikk	har gått
kommen	å komme	kommer	kom	har kommet
laufen	å løpe	løper	løp	har løpt
leiden	å lide	lider	led	har lidd
nehmen	å ta	tar	tok	har tatt
rennen	å renne	renner	rant	har rent
schlafen	å sove	sover	sov	har sovet
schlagen	å slå	slår	slo	har slått
schneiden	å skjære	skjærer	skar	har skåret
sehen	å se	ser	så	har sett
sitzen	å sitte	sitter	satt	har sittet
stehen	å stå	står	stod	stått
sterben	å dø	dør	døde	har dødd
bekommen	å få	får	fikk	har fått
zeigen	å vise	viser	viste	har vist
ziehen	å dra	drar	dro	har dradd
beginnen	å begynne	begynner	begynte	har begynt
erzählen	å fortelle	forteller	fortalte	har fortalt

18. Unregelmäßige Verben – Norwegisch

helfen	**å hjelpe**	hjelper	hjalp	har hjulpet
machen	**å gjøre**	gjør	gjorde	har gjort
schreiben	**å skrive**	skriver	skrev	har skrevet
setzen	**å sette**	setter	satte	har satt
verstehen	**å forstå**	forstår	forstod	har forstått
werden	**å bli**	blir	ble	har blitt
gewinnen	**å vinne**	vinner	vant	har vunnet
schwimmen	**å svømme**	svømmer	svømte	har svømt
singen	**å synge**	singer	sang	har sunget
verkaufen	**å selge**	selger	solgte	har solgt
wohnen	**å bo**	bor	bodde	har bodd
genießen	**å nyte**	nyter	nøt	har nytt
essen	**å spise**	spiser	spiste	har spist
trinken	**å drikke**	drikker	drakk	har drukket
reiten	**å ri**	rir	red	har ridd
passieren	**å skje**	skjer	skjedde	har skjedd

19. Alphabetisch sortierte Wortsammlung

abbiegen	å svinge	(to) turn
abbrechen	å avbryte	(to) break off
Abend, der	kveld, en	evening
Abendessen, das	kveldsmat, en	dinner
Abenteuer, das	eventyr, et	adventure
abergläubisch	overtroisk	superstitious
abfahren, abfliegen	å gå	(to) leave
abhängig	avhengig	addicted
Abkommen, das	overenskomst, en	agreement
Abnahme, die	nedgang, en	reduction
abnehmen	å minske	(to) decrease
Abreise, die	avreise, en/ei	departure
absagen	å kansellere	(to) cancel
abschaffen	å avskaffe	(to) abolish
abschließen	å avslutte	(to) finish
Absicht, die	intensjon, en	intention
Absturz, der	fall, en	crash
Abteilung, die	avdeling, en/ei	department
abwärts	nedad	downwards
Abwasch, der	oppvask, en	washing-up
acht	åtte	eight
achtzehn	atten	eighteen
achtzig	åtti	eighty
addieren	å addere	(to) add
Adler, der	ørn, en	eagle
adoptieren	å adoptere	(to) adopt
Adresse, die	adresse, en/ei	address
Agentur, die	agentur, et	agency
Akte, die	dokument, et	file
Aktie, die	aksje, en	share
Aktiengesellschaft, die	aksjeselskap, et	corporation
aktiv	aktiv	active
Aktivität, die	aktivitet, en	activity
Albanien	Albania	Albania
Algerien	Algerie	Algeria
Alkohol, der	alkohol, en	alcohol
alkoholfrei	alkoholfri	alcohol-free
alkoholisch	alkoholholdig	alcoholic
Allah	Allah	Allah
allein	alene	alone
Allergie, die	allergi, en	allergy
allergisch	allergisk	allergic
alles	alt	everything
allwissend	allvitende	knowing it all
Alphabet, das	alfabet, et	alphabet
alt	gammel	old

19. Alphabetisch sortierte Wortsammlung

alternativ	alternativ	alternative
Alternative, die	alternativ, et	alternative
Altersheim, das	aldershjem, et	retirement home
Altpapier, das	brukt papir, et	wastepaper
Ameise, die	maur, en	ant
Amt, das	kontor, et	office
an (jdn.) erinnern	å minne om	(to) remember
Analyse, die	analyse, en	analysis
Anatomie, die	anatomi, en	anatomy
ändern	å endre	(to) change
Anekdote, die	anekdote, en	anecdote
Angebot, das	tilbud, en	offer
Angel, die	fiskestang, en/ei	fishing rod
angeln	å fiske	(to) fish
angemessen	passende	fair
angenehm	behagelig	pleasant
Angriff, der	angrep, et	attack
Angst, die	angst, en	fear
Anhänger(in)	dyrker, en	follower
anhören	å høre på	(to) listen
Anker, der	anker, et	anchor
ankommen	å ankomme	(to) arrive
Ankunft, die	ankomst, en	arrival
Anlass, der	grunn, en	reason
anprobieren	å prøve (på)	(to) try on
Anreiz, der	incentiv, et	incentive
Anruf, der	oppringning, en/ei	call
Ansage, die	melding, en/ei	announcement
anspielen	å henspille på	(to) allude
antik	antikk	antique
Antwort, die	svar, et	answer
antworten	å svare	(to) reply
anwerben	å verve	(to) recruit
anwesend	nærværende	present
Anzahl, die	antall, et	number
anziehen	å kle på	(to) put on
Anzug, der	antrekk, et	suit
Apfel, der	eple, et	apple
Apotheke, die	apotek, et	pharmacy
Appetit, der	appetitt, en	appetite
April, der	april, en	April
Arabisch	arabisk	Arabic
Arbeit, die	arbeid, et	work
arbeiten	å arbeide	(to) work
Arbeitgeber, der	arbeidsgiver, en	employer
Arbeitnehmer, der	arbeidstaker, en	employee
arbeitslos	arbeidsløs	unemployed
Arbeitslosigkeit, die	arbeidsløshet, en/ei	unemployment
Arbeitsmarkt, der	arbeidsmarked, et	job market
Arbeitsplatz, der	arbeidsplass, en	workplace

19. Alphabetisch sortierte Wortsammlung

Arbeitsvertrag, der	arbeidskontrakt, en	contract of employment
Architekt, der	arkitekt, en	architect
Argentinien	Argentina	Argentina
Ärger, der	ergrelse, en	trouble
Argument, das	argument, et	argument
arm	fattig	poor
Arm, der	arm, en	arm
Armbanduhr, die	armbåndsur, et	watch
Armut, die	armod, en/ei	poverty
Artikel, der	artikkel, en	article
Arzt, Ärztin	lege, en	doctor
Aschenbecher, der	askebeger, et	ashtray
Ast, der	grein, en	branch
Astronaut(in)	astronaut, en	astronaut
Astronomie, die	astronomi, en	astronomy
Atem, der	pust, en	breath
Atheismus, der	ateisme	atheism
atmen	å puste	(to) breathe
Atmosphäre, die	atmosfære, en	atmosphere
Atom, das	atom, et	atom
aufbewahren	å gjemme	(to) store
Aufführung, die	oppførelse, en	performance
Aufgabe, die	oppgave, en	task
aufgehen	å gi opp	(to) rise
aufhören	å slutte	(to) stop
Aufmerksamkeit, die	oppmerksomhet, en/ei	attention
aufmuntern	å oppmuntre	(to) encourage
aufnehmen	å bånd	(to) record
aufräumen	å rydde opp	(to) tidy up
Aufsatz, der	stil, en	essay
Aufschwung, der	oppsving, en	recovery
aufstehen	å stå opp	(to) get up
aufwachen	å våkne	(to) weak up
aufwachsen	å vokse opp	(to) grow up
aufwärts	opp	upwards
Aufzug, der	heis, en	elevator
Auge, das	øye, et	eye
August, der	august, en	August
ausbeuten	å utbytte	(to) exploit
Ausbildung, die	opplæring, en/ei	training
Ausgang, der	utgang, en	exit
ausgebildet	utdannet	trained
ausgehen	å gå ut	(to) go out
Ausländer(in)	utlending, en	foreigner
ausländisch	utenlandsk	foreign
Ausmaß, das	dimensjon, en	extent
ausrauben	å robbe	(to) rob
ausschalten	å slå av	(to) switch off
Ausschlag, der	utslett, et	rash
Außenseiter, der	outsider, en	outsider

19. Alphabetisch sortierte Wortsammlung

Ausstellung, die	utstedelse, en	exhibition
Auster, die	østers, en	oyster
Australien	Australia	Australia
Auswahl, die	utvalg, et	choice
auswandern	å utvandre	(to) emigrate
Ausweis, der	legitimasjon, en	identify card
Auszeichnung, die	utmerkelse, en	honour
ausziehen	å kle av	(to) take off
Auto, das	bil, en	car
Autobahn, die	motorvei, en	motorway
Autobiographie, die	selvbiografi, en	autobiography
automatisch	automatisk	automatic
Autor(in)	forfatter, en	author
Baby, das	baby, en	baby
backen	å bake	(to) bake
Bäckerei, die	bakeri, et	bakery
Bad, das	bad, et	bath
Badehose, die	badebukse, en/ei	swim trunks
Bahnhof, der	stasjon, en	station
Bahnsteig, der	plattform, en/ei	platform
Bakterie, die	bakterie, en	bacterium
bald	snart	soon
Balkon, der	balkong, en	balcony
Ball, der	ball, en	ball
Ballade, die	ballade, en	ballad
Ballett, das	ballett, en	ballet
Banane, die	banan, en	banana
Band, die	bånd, et	band
Bank, die	bank, en	bank
bankrott	bankerott	bankrupt
Bär, der	bjørn, en	bear
Bar, die	bar, en	bar
Bargeld, das	kontanter (plu)	cash
Bart, der	skjegg, et	beard
Basilikum, das	basilikum, en	basil
Basketball	basketball, en	basketball
Bau, der	bygg, et	building
Bauarbeiter(in)	bygningsarbeider, en	construction worker
Bauch, der	mage, en	stomach
Bauchschmerzen (plu)	magesmerter (plu)	stomach ache (plu)
bauen	å bygge	(to) build
Bauer, der	bonde, en	farmer
Bauernhof, der	bondegård, en	farm
Baum, der	tre, et	tree
Baumwolle, die	bomull, en/ei	cotton
beabsichtigen	å akte	(to) intend
Beamter, Beamtin	embetsmann, en	official
bedienen	å ekspedere	(to) serve
Bedienung	servering, en/ei	service
beeindrucken	å gjøre inntrykk på	(to) impress

19. Alphabetisch sortierte Wortsammlung

beenden	å avslutte	(to) end
beerdigen	å begrave	(to) bury
Beerdigung, die	begravelse, en	funeral
Befehl, der	befaling, en/ei	order
befolgen	å følge	(to) obey
befördern	å forfremme	(to) promote
befreien	å befri	(to) release
befristet	tidsbegrenset	limited
Beginn, der	begynnelse, en	beginning
beginnen	å begynne	(to) begin
begleiten	å følge	(to) accompany
Begrenzung, die	begrensning, en/ei	limit
behandeln	å behandle	(to) treat
Behandlung, die	behandling, en/ei	treatment
Behinderung, die	funksjonshemning, en/ei	disability
Behörde, die	øvrighet, en/ei	authority
beide	begge	both
Bein, das	bein, et	leg
Beispiel, das	eksempel, et	example
beißen	å bite	(to) bite
beitreten	å gå inn i	(to) join
bekommen	å få	receive
Belegschaft, die	arbeidsstyrke, en	staff
Belgien	Belgia	Belgium
beliebt	populær	popular
beliefern	å forsyne	(to) supply
bellen	å bjeffe	(to) bark
belohnen	å belønne	(to) reward
Belohnung, die	belønning, en/ei	reward
Benehmen, das	atferd, en/ei	manners
benutzen	å benytte	(to) use
Benutzername, der	brukernavn, et	username
Benzin, das	bensin, en	gas
beobachten	å iaktta	(to) observe
Beobachtung, die	observasjon, en	observation
bequem	behagelig	comfortable
Berater(in)	konsulent, en	adviser
berechnen	å beregne	(to) calculate
bereit	parat	ready
Berg, der	fjell, et	mountain
Bergwerk, das	gruve, en	mine
Bericht, der	rapport, en	report
berichten	å rapportere	(to) report
berühren	å berøre	(to) touch
Berührung, die	berøring, en/ei	touch
beschäftigen	å oppta	(to) employ
beschäftigt	opptatt	employed
bescheiden	beskjeden	modest
beschließen	å avgjøre	(to) pass
beschreiben	å beskrive	(to) describe

19. Alphabetisch sortierte Wortsammlung

Beschreibung, die	beskrivelse, en	description
beschuldigen	å anklage	(to) accuse
Beschwerde, die	beklagelse, en	complaint
besetzen	å okkupere	(to) occupy
besiedelt	bebygd	populated
besitzen	å eie	(to) possess
besorgt	bekymret	worried
besser	bedre	better
Besteck, das	bestikk, et	cutlery
bestellen	å bestille	(to) order
bestrafen	å straffe	(to) punish
Besuch, der	besøk, et	visit
besuchen	å besøke	(to) visit
beten	å be	(to) pray
Beton, der	betong, en	concrete
Betonung, die	aksent, en	accentuation
betrunken	drukken	drunk
Bett, das	seng, en/ei	bed
Bettdecke, die	sengeteppe, et	blanket
Bevölkerung, die	befolkning, en/ei	population
bewachen	å bevokte	(to) guard
bewaffnet	væpnet	armed
bewegen	å bevege	(to) move
Bewegung, die	bevegelse, en	movement
beweisen	å bevise	(to) prove
Bewerbung, die	søknad, en	application
bewusstlos	bevisstløs	unconscious
bezahlen	å betale	(to) pay
Bezahlung, die	betaling, en/ei	payment
Beziehung, die	relasjon, en	relationship
bezüglich	angående	regarding
Bibel, die	bibel, en	Bible
Biene, die	bie, en/ei	bee
Bier, das	øl, et	beer
Bilanz, die	balanse, en	balance sheet
Bild, das	bilde, et	picture
Bildschirm, der	billedskjerm, en	screen
Bildung, die	dannelse, en	education
billig	billig	cheap
Biographie, die	biografi, en	biography
Biologie, die	biologi, en	biology
Birne, die	pære, en	pear
bisschen	litt	bit
bitter	bitter	bitter
blasen, wehen	å blåse	(to) blow
blass	bleik	pale
Blatt, das	blad, et	leaf
blau	blå	blue
bleiben	å bli	(to) last
Bleistift, der	blyant, en	pencil

19. Alphabetisch sortierte Wortsammlung

blind	blind	blind
blinken	å blinke	(to) indicate
Blitz, der	lyn, et	lightning
Blockflöte, die	blokkfløyte, en/ei	recorder
Blume, die	blomst, en	flower
Blumenbeet, das	blomsterbed, et	flower bed
Blumentopf, der	blomsterpotte, en/ei	flowerpot
Bluse, die	bluse, en/ei	blouse
Blut, das	blod, et	blood
Blutdruck, der	blodtrykk, et	blood pressure
bluten	å blø	(to) bleed
Boden, der	grunn, en	ground
Bohne, die	bønne, en/ei	bean
bohren	å bore	(to) drill
Bohrer, der	bor, et	drill
Bohrinsel, die	boreplattform, en/ei	oil rig
Bolivien	Bolivia	Bolivia
Bombe, die	bombe, en/ei	bomb
Bonbon, das	sukkertøy, et	candy
Boom, der	høykonjunktur, en	boom
Börse, die	børs, en	stock market
böse	ond	evil
Botschaft, die	ambassade, en	embassy
Bowling	bowling	bowling
Brasilien	Brazil	Brazil
braten	å steke	(to) fry
Bratsche, die	bratsj, en	viola
Brauch, der	bruk, en	tradition
brauchen	å trenge	(to) need
braun	brun	brown
Braut, die	brud, ei	bride
Bräutigam, der	brudgom, en	groom
brechen, gegen etw. verstoßen	å brekke	(to) break
breit	bred	wide
Breite, die	bredde, en	width
Bremse, die	bremse, en/ei	brake
Brett, das	bord, et	board
Brettspiel, das	brettspill, et	board game
Brief, der	brev, et	letter
Briefmarke, die	frimerke, et	stamp
Briefträger(in)	postbud, et	postman
Brille, die	briller (plu)	glasses (plu)
bringen	å bringe	(to) bring
Brokkoli, der	brokkoli, en	broccoli
Brombeere, die	bjørnebær, et	blackberry
Brot, das	brød, et	bread
Brötchen, das	rundstykke, et	roll
Brücke, die	bru, en/ei	bridge
Bruder, der	bror, en	brother
Brunnen, der	brønn, en	well

19. Alphabetisch sortierte Wortsammlung

Brust, die	bryst, et	breast
Buch, das	bok, en/ei	book
Buchhaltung, die	bokholderi, et	accounts department
Buchhandlung, die	bokhandel, en	bookshop
Buchstabe, der	bokstav, en	letter
Buddhismus, der	buddhisme	Buddhism
bügeln	å stryke	(to) iron
Bühne, die	scene, en	stage
Bulgarien	Bulgaria	Bulgaria
Bunker, der	bunker, en	shelter
bunt	fargerik	colourful
Bürger(in)	borger, en	citizen
Büro, das	kontor, et	office
Büroklammer, die	binders, en	paper clip
Bus, der	buss, en	bus
Büstenhalter, der	behå, en	bra
Butter, die	smør, et	butter
CD, die	cd, en	CD
Cello, das	cello, en	cello
Chance, die	sjanse, en	chance
Charakter, der	karakter, en	character
Charakterisierung, die	karakterisering, en	characterization
Chef, der	sjef, en	head
Chemie, die	kjemi, en	chemistry
chemisch	kjemisk	chemical
Chile	Chile	Chile
China	Kina	China
Chinesisch	kinesisk	Chinese
Chirurg, der	kirurg, en	surgeon
Chor, der	kor, et	choir
Christentum, das	kristendom, en	Christianity
christlich	kristelig	Christian
Cola, die	cola, en	cola
Computer, der	datamaskin, en	computer
Computer, der	datamaskin, en	computer
Computerspiel, das	dataspill, et	computer game
Cornflakes (plu)	cornflakes (plu)	cornflakes (plu)
Cousin(e), der	søskenbarn, et	cousin
Dach, das	tak, et	roof
danach	etterpå	afterwards
Dänemark	Danmark	Denmark
Dänisch	dansk	Danish
dankbar	takknemlig	thankful
dann	så	then
Darm, der	tarm, en	bowels
Datei, die	fil, en/ei	file
Datum, das	dato, en	date
dauern	å ta	(to) last
Debatte, die	debatt, en	debate
debattieren	å debattere	(to) debate

19. Alphabetisch sortierte Wortsammlung

Deckel, der	lokk, en	top
decken	å dekke	(to) set
Delphin, der	delfin, en	dolphin
Demokratie, die	demokrati, et	democracy
Demonstration, die	demonstrasjon, en	demonstration
denken	å tenke	(to) think
Denkmal, das	monument, et	monument
Depression, die	depresjon, en	depression
deprimiert	deprimert	depressed
Detektiv(in)	detektiv, en	detective
Deutsch	tysk	German
Deutschland	Tyskland	Germany
Dezember, der	desember, en	December
Dialog, der	dialog, en	dialogue
Diamant, der	diamant, en	diamond
Dichte, die	tetthet, en/ei	density
Dickdarm, der	tykktarm, en	colon
Dieb(in)	tjuv, en	thief
Dienstag, der	tirsdag, en	Tuesday
Dienstleistung, die	tjenesteytelse, en	services
digital	digital	digital
Diktatur, die	diktatur, et	dictatorship
diplomatisch	diplomatisk	diplomatic
direkt	direkte	direct
Dirigent(in)	dirigent, en	conductor
Disko, die	diskotek, et	disco
Diskriminierung, die	diskriminering, en/ei	discrimination
Disziplin, die	disiplin, en	discipline
dividieren (durch)	å dele	(to) divide (by)
Dokument, das	dokument, et	document
Dokumentation, die	dokumentasjon, en	documentation
Dollar	dollar	dollar
Donner, der	torden, en	thunder
Donnerstag, der	torsdag, en	Thursday
Doppelbett, das	dobbeltseng, en/ei	double bed
Dorf, das	landsby, en	village
dort	der	there
Dose, die	boks, en	can
Dozent(in)	dosent, en	lecturer
Draht, der	tråd, en	wire
Drama, das	drama, et	drama
draußen	ute	outside
drei	tre	three
Dreieck, das	trekant, en	triangle
dreißig	tretti	thirty
dreizehn	tretten	thirteen
dringend	utholdende	urgent
drinnen	inne	inside
Droge, die	stoff, et	drug
drohen	å true	(to) threaten

19. Alphabetisch sortierte Wortsammlung

Druck, der	press, et	pressure
drucken	å skrive ut	(to) print
drücken	å trykke	(to) press
Drucker, der	trykker, en	printer
dumm	dum	stupid
Dummkopf, der	idiot, en	idiot
dunkel	mørk	dark
Dunkelheit, die	mørke, et	darkness
dünn	grann	thin
Dünndarm, der	tynntarm, en	small intestine
durch	gjennom	through
Durchfall, der	diaré, en	diarrhea
Durchschnitt, der	gjennomsnitt, et	average
Durchsuchung, die	ransaking, en/ei	inspection
durstig	tørst	thirsty
Dusche, die	dusj, en	shower
Dutzend, das	dusin, et	dozen
E-Mail-Adresse, die	epostadresse, en/ei	email address
E-Mail, die	e-post, en	email
Ecke, die	hjørne, et	corner
Edelstein, der	edelstein, en	precious stone
Ehe, die	ekteskap, et	marriage
Ehefrau, die	kone, ei	wife
Ehemann, der	ektemann, en	husband
Ehrgeiz, der	ærgjerrighet, en/ei	ambition
ehrlich	ærlig	honest
Ei, das	egg, et	egg
Eiche, die	eik, en/ei	oak
Eigentum, das	eiendom, en	property
Eimer, der	bøtte, en/ei	bucket
einbrechen	å bryte inn	(to) break in
Einfluss, der	innflytelse, en	influence
Eingang, der	inngang, en	entrance
eingeschränkt	forminsket	limited
einige	noen	some
einkaufen	å kjøpe inn	(to) buy
Einkommen, das	inntekt, en/ei	income
einmal	en gang	once
eins	en	one
einsam	ensom	lonely
einschalten	å tenne	(to) turn on
Einspruch, der	innsigelse, en	objection
einstellen	å ansette	(to) employ
einundzwanzig	tjueen	twenty-one
Einwanderer(in)	innvandrer, en	immigrant
einwandern	å innvandre	(to) immigrate
Einwohner(in)	innbygger, en	inhabitant
Einzahlung, die	innbetaling, en/ei	payment
Einzelhandel, der	detaljhandel, en	retail trade
einziehen	å flytte inn	(to) move in

19. Alphabetisch sortierte Wortsammlung

einzige(r, s)	eneste	only
Eis, das	is, en	ice
Eisen, das	jern, et	iron
Eiskrem, die	iskrem, en	ice cream
Eiskunstlauf, der	kunstløp, et	figure-skating
Eistee, der	iste, en	iced tea
Elefant, der	elefant, en	elephant
elegant	elegant	elegant
Elektriker(in)	elektriker, en	electrician
Elektrizität, die	elektrisitet, en	electricity
elektronisch	elektronisk	electronic
Element, das	element, et	element
elf	elleve	eleven
empfindlich	følsom	sensitive
Ende, das	ende, en	end
Ende, das	ende, en	end
enden	å ende	(to) end
endlich	endelig	finally
endlos	endeløs	endless
Energie, die	energi, en	energy
eng	knapp	tight
eng, nahe	tett	close
Engel, der	engel, en	angel
Englisch	engelsk	English
Enkel(in)	barnebarn, et	grandchild
entdecken	å oppdage	(to) discover
Entdeckung, die	oppdagelse, en	discovery
Ente, die	and, en/ei	duck
Entfernung, die	distanse, en	distance
entführen	å kidnappe	(to) kidnap
entlassen	å avskjedige	(to) dismiss
Entscheidung, die	avgjørelse, en	decision
Entspannung, die	avspenning, en/ei	relaxation
Entstehung, die	opprinnelse, en	formation
enttäuschen	å skuffe	(to) disappoint
Entwicklung, die	utvikling, en/ei	development
Entzündung, die	betennelse, en	inflammation
Erdbeben, das	jordskjelv, et	earthquake
Erdbeere, die	jordbær, et	strawberry
Erde, die	jord, en/ei	earth
Erdgeschoss, das	første etasje	ground floor
Ereignis, das	hendelse, en	event
erfahren	dreven	experienced
Erfahrung, die	erfaring, en/ei	experience
erfinden	å oppfinne	(to) invent
Erfindung, die	oppfinnelse, en	invention
ergänzen	å utfylle	(to) fill in
Ergebnis, das	resultat, et	result
erhöhen	å forhøye	(to) raise
Erkältung, die	forkjølelse, en	cold

19. Alphabetisch sortierte Wortsammlung

erkennen	å bli var	(to) recognize
erklären	å deklarere	(to) declare
Erklärung, die	erklæring	declaration
erkunden	å rekognosere	(to) scout out
erlauben	å tillate	(to) permit
Erlaubnis, die	tillatelse, en	permission
ermutigen	å oppmuntre	(to) encourage
Ernährung, die	ernæring, en/ei	diet
ernennen	å oppnevne	(to) appoint
erneuerbar	fornybar	renewable
ernst	alvorlig	serious
Ernte, die	grøde, en	harvest
erobern	å erobre	(to) conquer
eröffnen	å åpne	(to) open
erreichen	å nå	(to) reach
ersetzen	å erstatte	(to) replace
Ersparnis, die	besparelse, en	savings
erste(r, s)	først	first
erwachsen	voksen	adult
erzählen	å fortelle	(to) tell
erziehen	å oppdra	(to) bring up
essen	å spise	(to) eat
Essen, das	mat, en	meal
Essig, das	eddik, en	vinegar
Esszimmer, das	spisestue	dining room
Estland	Estland	Estonia
etwas	noe	something
Euro	euro	euro
Europa	Europa	Europe
europäisch	europeisk	European
evangelisch	evangelisk	Protestant
Exil, das	eksil, et	exile
existieren	å eksistere	(to) exist
expandieren	å ekspandere	(to) expand
Experiment, das	eksperiment, et	experiment
experimentieren	å eksperimentere	(to) experiment
Experte, Expertin	ekspert, en	expert
Explosion, die	eksplosjon, en	explosion
Export, der	eksport, en	export
exportieren	å eksportere	(to) export
extern	ekstern	external
Fabel, die	fabel, en	fable
Fabrik, die	fabrikk, en	factory
Faden, der	tråd, en	thread
fähig	dugelig	able
Fähigkeit, die	evne, en/et	skill
Fähre, die	ferge, en	ferry
fahren	å kjøre	(to) drive
Fahrkarte, die	billett, en	ticket
Fahrrad, das	sykkel, en	bike

19. Alphabetisch sortierte Wortsammlung

Fahrstuhl, der	heis, en	elevator
Fahrzeug, das	farkost, en	vehicle
Fakultät, die	fakultet, et	faculty
fällen	å felle	(to) cut down
Fallschirm, der	fallskjerm, en	parachute
falsch	feil	wrong
Fälschung, die	forfalskning, en/ei	forgery
Familie, die	familie, en	family
Fan, der	tilhenger, en	fan
Fantasie, die	fantasi, en	fantasy
fantastisch	fantastisk	fantastic
Farbe, die	farge, en	colour
farblos	fargeløs	colourless
Färöer	Færøyene	Faroe Islands
Fass, das	fat, et	barrel
faul	dorsk	lazy
Faust, die	neve, en	fist
Faxgerät, das	faks, en	fax machine
Februar, der	februar, en	February
Fehler, der	feil, en	mistake
feiern	å feire	(to) celebrate
Feiertag, der	festdag, en	holiday
Feige, die	fiken, en	fig
Feile, die	fil, en/ei	file
Feind, der	fiende, en	enemy
feindlich	fiendtlig	enemy
Feld, das	felt, et	field
Fels, der	sva, et	rock
Fenster, das	vindu, et	window
Ferienhaus, das	landsted, et	holiday home
Fernseher, der	tv, en	television
Fernsehsendung, die	tv-program, et	television program
Fest, das	fest, en	celebration
fest, kompakt	fast	solid
feste Freundin, die	kjæreste, en	girlfriend
fester Freund, der	kjæreste, en	boyfriend
Festival, das	festival, en	festival
Festnahme, die	gripende, et	arrest
feststellen	å få rede på	(to) identify
fett	fet	fat
feucht	fuktig	damp
Feuer, das	fyr, en	fire
Feuerlöscher, der	brannslukker, en	fire extinguisher
Feuerwehr, die	brannvesen, et	fire brigade
Feuerzeug, das	fyrtøy, et	lighter
Fieber, das	feber, en	fever
Figur, die	figur, en	figure
Filet, das	filet, en	fillet
Film, der	film, en	film
Finale, das	finale, en	final

19. Alphabetisch sortierte Wortsammlung

Finanzen (plu)	finanser (plu)	finances (plu)
finanziell	finansiell	financial
finden	å finne	(to) find
Finger, der	finger, en	finger
Fingerabdruck, der	fingeravtrykk, et	fingerprint
Finnland	Finland	Finland
Fisch, der	fisk, en	fish
Fischerboot, das	fiskerbåt, en	fishing boat
flach	flat	flat
Flasche, die	flaske, en/ei	bottle
Fleck, der	flekk, en	stain
Fleisch, das	kjøtt, et	meat
fliegen	å fly	(to) fly
fliehen	å flykte	(to) flee
Fließband, das	samlebånd, et	production line
fließen	å flyte	(to) flow
Flucht, die	flukt, en	escape
Flüchtling	flyktning, en/ei	refugee
Flug	flytur, en	flight
Flughafen, der	lufthavn, en	airport
Flugzeug, das	fly, et	plane
Fluss, der	elv, en/ei	river
flüssig	flytende	liquid
Flüssigkeit, die	væske, en/ei	liquid
Flut, die	flo, en	flood
folgen	å følge	(to) follow
Folter, die	tortur, en	torture
fördern	å fremme	(to) support
Forderung, die	fordring, en/ei	demand
Forelle, die	ørret, en	trout
Form, die	form, en/ei	shape
Format, das	format, et	format
formell	formell	formal
Formular, das	formular, et	form
Forschung, die	forskning, en/ei	research
fortsetzen	å fortsette	(to) continue
Foto, das	foto, et	photo
Fotoapparat, der	fotoapparat, et	camera
Fotografie, die	fotografi, et	photography
Fotokamera, die	kamera, et	camera
Frage, die	spørsmål, et	question
Fragebogen, der	skjema, et	questionnaire
Frankreich	Frankrike	France
Französisch	fransk	French
Frau, die	dame, ei	woman
frei	fri	free
freiberuflich	uavhengig	freelance
Freiheit, die	frihet, en/et	freedom
Freitag, der	fredag, en	Friday
Freiwillige(r)	frivillig, en	volunteer

19. Alphabetisch sortierte Wortsammlung

Freizeit, die	fritid, en/ei	leisure
Freizeitpark, der	fornøyelsespark, en	amusement park
Fremde(r)	fremmed, en	stranger
Freude, die	glede, en	pleasure
Freundschaft, die	vennskap, et	friendship
Frieden, der	fred, en	peace
Friedhof, der	gravlund, en	graveyard
friedlich	fredelig	peaceful
frieren	å fryse	(to) freeze
frisch	fersk	fresh
Friseur, der	frisør, en	hairdresser
froh	glad	happy
früh	tidlig	early
Frühling, der	vår, en	spring
Frühstück, das	frokost, en	breakfast
Fuchs, der	rev, en	fox
fühlen	å føle	(to) feel
führen	å lede	(to) lead
Führerschein, der	førerkort, et	driving license
Füller, der	fyllepenn, en	fountain pen
Fundament, das	fundament, et	foundation
fünf	fem	five
fünfzehn	femten	fifteen
fünfzig	femti	fifty
Funktion, die	funksjon, en	function
Fusion, die	fusjon, en	merger
Fuß, der	fot, en	foot
Fußball	fotball, en	soccer
füttern	å fôre	(to) feed
Gabel, die	gaffel, en	fork
Galaxie, die	galakse, en	galaxy
Galerie, die	galleri, et	gallery
ganz	hel	whole
Garage, die	garasje, en	garage
Garantie, die	garanti, en	guarantee
Gardine, die	gardin, et	curtain
Garten, der	hage, en	garden
Gärtner(in)	gartner, en	gardener
Gast, der	gjest, en	guest
Gastgeber, der	vertskap, et	host(ess)
Gebäude, das	bygning, en/ei	building
Gebet, das	bønn, en/ei	prayer
Gebiet, das	område, et	area
gebraucht	brukt	second-hand
Gebühr, die	avgift, en/ei	charge
Geburt, die	fødsel, en	birth
Geburtstag, der	bursdag, en	birthday
Gedächtnis, das	minne, et	memory
Gedanke, der	tanke, en	thought
Gedicht, das	dikt, et	poem

19. Alphabetisch sortierte Wortsammlung

Geduld, die	tålmodighet, en/ei	patience
Gefahr, die	fare, en	danger
gefährlich	farlig	dangerous
Gefängnis, das	fengsel, et	prison
Gefriertruhe, die	fryseboks, en	chest freezer
Gefühl, das	følelse, en	feeling
gegenüber	mot	opposite
Gegner, der	motpart, en	opponent
geheim	hemmelig	secret
Geheimnis, das	hemmelighet, en/ei	secret
gehen	å go	(to) go
Gehirn, das	hjerne, en	brain
gehorchen	å adlyde	(to) obey
Gehweg, der	fortau, et	sidewalk
Geige, die	fiolin, en	violin
Geisteswissenschaften (plu)	humaniora (plu)	arts (plu)
geizig	gjerrig	miserly
gelb	gul	yellow
Geld, das	penger (plu)	money (plu)
Geldautomat, der	minibank, en	ATM
Gelegenheit, die	mulighet, en/ei	opportunity
Gelenk, das	ledd, et	joint
gemein	lumpen	mean
Gemüse (plu)	grønnsaker (plu)	vegetables (plu)
gemütlich	hjemlig	comfortable
genau	nøyaktig	exact
Generation, die	generasjon, en	generation
genießen	å nyte	(to) enjoy
geöffnet	åpen	open
Geografie, die	geografi, en	geography
Gepäckausgabe	bagasjeutlevering, en/ei	baggage claim
geradeaus	rett fram	straight
Gerät, das	apparat, et	device
Gerechtigkeit, die	rettighet, en/ei	justice
Gericht, das	matrett, en	dish
Gericht, das	domstol, en	court
Geruch, der	lukt, en	smell
gesamt	total	total
Geschäft, das	forretning, en/ei	business
Geschäftsleitung, die	direksjon, en	management
Geschenk, das	gave, en/ei	gift
Geschichte, die	historie, en	history
Geschirrspüler, der	oppvaskmaskin, en	dishwasher
Geschlecht, das	slekt, en/ei	sex
geschlossen	lukket	closed
Geschmack, der	smak, en	taste
Geschwindigkeit, die	fart, en	speed
Gesellschaft, die	samfunn, et	society
Gesetz, das	lov, en	law
Gesetzgebung, die	lovgivning, en/ei	legislation

19. Alphabetisch sortierte Wortsammlung

Gesicht, das	ansikt, et	face
gestern	i går	yesterday
gesund	frisk	healthy
Gesundheit, die	helse, en	health
Getränk, das	drikk, en	drink
Getreide, das	korn, et	grain
Gewalt, die	vold, en	violence
Gewerkschaft, die	fagforening, en/ei	labour union
Gewicht, das	vekt, en/ei	weight
Gewinn, der	overskudd, et	profit
gewinnen	å vinne	(to) win
Gewitter, das	uvær, et	thunderstorm
Gewohnheit, die	hevd, en	habit
Gewürz, das	krydder, et	spice
gießen	å vanne	(to) water
Gipfel, der	topp, en	summit
Gips, der	gips, en	cast
Gitarre, die	gitar, en	guitar
Glas, das	glass, et	glass
Glaube, der	tro, en	belief
glauben	å tro	(to) believe
gleich	like	equal
gleichberechtigt	likeberettiget	equal
Gletscher, der	bre, en	glacier
Glück, das	lykke, en	luck
glücklich	lykkelig	happy
Gold, das	gull, et	gold
golden	gylden	gold
Golf	golf, en	golf
Golfplatz, der	golfbane, en	golf course
Gott	gud	God
Grad, der	grad, en	degree
Gramm, das	gram, et	gram
Grapefruit, die	grapefrukt, en/ei	grapefruit
Gras, das	gress, et	grass
grau	grå	grey
grausam	grusom	cruel
Griechenland	Hellas	Greece
Griechisch	gresk	Greek
grillen	å grille	(to) have a barbecue
Grönland	Grønland	Greenland
Großbritannien	Storbritannia	Great Britain
Größe, die	høyde, en	size
Großmutter, die	bestemor, ei	grandmother
Großstadt, die	storby, en	city
Großvater, der	bestefar, en	grandfather
großzügig	sjenerøs	generous
grün	grønn	green
Grund, der	årsak, en/ei	reason
Grundbesitz, der	jordeiendom, en	landed property

19. Alphabetisch sortierte Wortsammlung

gründen	å etablere	(to) found
Grundschule, die	grunnskole, en	primary school
Grundstück, das	tomt, en/ei	estate
Gruppe, die	gruppe, en/ei	group
gültig	gjeldende	valid
Gummi, das	gummi, en	rubber
Gurke, die	agurk, en	cucumber
Gürtel, der	belte, et	belt
gut	bra	good
Gymnastik	gymnastikk, en	gymnastics
Haar, das	hår, et	hair
Hafen, der	havn, en	harbour
Hähnchen, das	kylling, en	chicken
Hälfte, die	halvdel, en	half
Hammer, der	hammer, en	hammer
Hand, die	hånd, en	hand
Handel, der	handel, en	trade
handeln	å handle	(to) trade
Handgepäck, das	håndbagasje, en	hand baggage
Händler(in)	handler, en	trader
Handlung, die	handling, en/ei	act
Handschuh, der	hanske, en	glove
Handtasche, die	håndveske, en/ei	handbag
Handtuch, das	håndkle, et	towel
Handy, das	mobiltelefon, en	mobile
Harfe, die	harpe, en	harp
hart	hård	hard
Hass, der	hat, et	hate
hassen	å hate	(to) hate
häufig	ofte	frequent
Hauptfigur, die	hovedperson, en	central character
Hauptstadt, die	hovedstad, en	capital
Haushalt, der	husholdning, en/ei	household
Haushalt, der	budsjett, et	household
Hausmeister(in)	vaktmester, en	caretaker
Haut, die	hud, en	skin
Hebamme, die	jordmor, en/ei	midwife
heidnisch	hedensk	heathen
heilen	å hele	(to) heal
heilig	hellig	holy
heiraten	å gifte seg	(to) marry
heiß	het	hot
Heizung, die	fyr, en	heating
helfen	å hjelpe	(to) help
hell	lys	light
Hemd, der	skjorte, en	shirt
Herbst, der	høst, en	autumn
Heroin, das	heroin, en	heroin
Herrschaft, die	herredømme, et	power
Hersteller, der	produsent, en	producer

19. Alphabetisch sortierte Wortsammlung

Herz, das	hjerte, et	heart
Herzschlag, der	hjerteslag, et	heartbeat
heterosexuell	heteroseksuell	heterosexual
heute	i dag	today
heutzutage	i våre dager	nowadays
Hexe, die	heks, en	witch
hier	her	here
Hilfe, die	hjelp, en/ei	help
hilfreich	hjelpsom	helpful
Himbeere, die	bringebær, et	raspberry
Himmel, der	himmel, en	heaven / sky
Hinduismus, der	hinduisme	Hinduism
historisch	historisk	historical
Hobby, das	hobby, en	hobby
hoch	høy	high
Hochhaus, das	høyblokk, en/ei	high-rise building
Hochschule, die	høyskole, en	college
Hochzeit, die	bryllup, et	wedding
hoffen	å håpe	(to) hope
Hoffnung, die	håp, et	hope
höflich	høflig	polite
Höhe, die	høyde, en	height
Höhepunkt, der	høydepunkt, et	highlight
Höhle, die	hule, en/ei	cave
holen	å hente	(to) get
Hölle, die	helvete, et	hell
Holz, das	tre, et	wood
hölzern	av tre	wooden
homosexuell	homoseksuell	homosexual
Honig, der	honning, en	honey
hören	å høre	(to) hear
Horizont, der	horisont, en	the horizon
Hotel, das	hotell, et	hotel
Hüfte, die	hofte, en/ei	hip
Huhn, das	høne, en/ei	chicken
Humor, der	humor, en	humour
Hund, der	hund, en	dog
hundert	hundre	hundred
hungern	å sulte	(to) starve
hungrig	sulten	hungry
hupen	å tute	(to) honk
husten	å hoste	(to) cough
Hut, der	hatt, en	hat
Hütte, die	hytte, en/ei	hut
Hypothek, die	pantelån, et	mortgage
Idee, die	idé, en	idea
identifizieren	å identifisere	(to) identify
Identität, die	identitet, en	identity
Ideologie, die	ideologi, en	ideology
ignorieren	å ignorere	(to) ignore

19. Alphabetisch sortierte Wortsammlung

immer	alltid	always
Import, der	import, en	import
importieren	å importere	(to) import
in	i	in
Indien	India	India
Indonesien	Indonesia	Indonesia
Industrie, die	industri, en	industry
Infektion, die	infeksjon, en	infection
Inflation, die	inflasjon, en	inflation
Informatik, die	informatikk, en	computer science
Information, die	informasjon, en	information
informieren	å informere	(to) inform
Inhaber, der	innehaver, en	owner
Inhalt, der	innhold, et	content
inklusive	inklusive	inclusive
Insekt, das	insekt, et	insect
Insel, die	øy, en/ei	island
installieren	å installere	(to) install
Institution, die	institusjon, en	institution
Instrument, das	instrument, et	instrument
intelligent	intelligent	intelligent
Intelligenz, die	intelligens, en	intelligence
intensiv	intensiv	intensive
Interesse, das	interesse, en	interest
interessiert	interessert	interested
intern	intern	internal
Internat, das	internatskole, en	boarding school
international	internasjonal	international
Internet, das	internett, et	internet
interpretieren	å fortolke	(to) interpret
Invasion, die	invasjon, en	invasion
investieren	å investere	(to) invest
Investition	investering, en/ei	investment
Irak	Irak	Iraq
Iran	Iran	Iran
irgendwo	noensteds	somewhere
Irland	Irland	Ireland
Ironie, die	ironi, en	irony
Islam, der	islam	Islam
Island	Island	Iceland
Israel	Israel	Israel
Italienisch	italiensk	Italian
Jacht, die	jakt, en	yacht
Jacke, die	jakke, en/ei	jacket
jagen	å jage	(to) hunt
Jahr, das	år, et	year
Jahreszeit, die	årstid, en/ei	season
Jahrhundert, das	hundreår	century
jährlich	årlig	annual
Januar, der	januar, en	January

19. Alphabetisch sortierte Wortsammlung

Japan	Japan	Japan
Japanisch	japansk	Japanese
Jazz	jazz	jazz
Jeans, die	olabukse, en/ei	jeans
jede(r, s)	hver	every
Jesus Christus	Jesus Kristus	Jesus Christ
jetzt	nå	now
Joghurt, der	jogurt, en	yogurt
Jubiläum, das	jubileum, et	anniversary
Judentum, das	jøder	Judaism
jüdisch	jødisk	Jewish
jugendlich	ungdommelig	juvenile
Juli, der	juli, en	July
jung	ung	young
Junge, der	gutt, en	boy
Juni, der	juni, en	June
Kabine, die	kabin, en	cabin
Kaffee, der	kaffe, en	coffee
kahl	bar	bare
Kaiserreich, das	keiserdømme, et	empire
Kalender, der	kalender, en	calendar
kalt	kald	cold
Kamm, der	kam, en	comb
Kampf, der	kamp, en	fight
kämpfen	å kjempe	(to) fight
Kanada	Canada	Canada
Kandidat(in)	kandidat, en	candidate
Kapelle, die	kapell, et	chapel
Kapitalismus, der	kapitalisme	capitalism
Kapitel, das	kapittel, et	chapter
Karikatur, die	karikatur, en	cartoon
Karotte, die	gulrot, en	carrot
Kartoffel, die	potet, en	potato
Käse, der	ost, en	cheese
Kasse, die	kasse, en/ei	cash desk
Kassierer(in)	kasserer, en	cashier
Katastrophe, die	katastrofe, en	catastrophe
Kathedrale, die	katedral, en	cathedral
katholisch	katolsk	Catholic
Katze, die	katt, en	cat
kauen	å gomle	(to) chew
kaufen	å kjøpe	(to) buy
Kaugummi, das	tyggegummi, en	chewing gum
Keks, das	kjeks, en	biscuit
Keller, der	kjeller, en	cellar
kennen	å kjenne	(to) know
Kerze, die	stearinlys, et	candle
Kescher, der	håv, en	fishing-net
Kette, die	kjede, en	chain
Kiefer, die	furu, en/ei	pine

19. Alphabetisch sortierte Wortsammlung

Kind, das	barn, et	child
Kindergarten, der	barnehage, en	kindergarten
Kinderwagen, der	barnevogn, en/ei	baby carriage
Kinn, das	hake, en/ei	chin
Kino, das	kino, en	cinema
Kirche, die	kirke, en/ei	church
Kirsche, die	kirsebær, et	cherry
Kissen, das	pute, en/ei	pillow
Klang, der	klang, en	sound
Klarinette, die	klarinett, en	clarinet
Klassenzimmer, das	klasserom, et	classroom
klatschen	å klappe	(to) clap
Klavier, das	piano, et	piano
kleben	å klebe	(to) stick
Klebstoff, der	klister, et	glue
Kleid, das	kjole, en	dress
Kleidung, die	klær (plu)	clothes (plu)
Klima, das	klima, et	climate
Klimawandel, der	klimaskifte, et	climate change
Klingel, die	klokke, en/ei	bell
klingeln	å ringe	(to) ring
Klinik, die	klinikk, en	clinic
Knäckebrot, das	knekkebrød, et	crispbread
knapp	knapp	short
Kneipe, die	bule, en/ei	pub
Knie, das	kne, et	knee
Knoblauch, der	hvitløk, en	garlic
Knochen, der	ben, et	bone
Knochenbruch, der	brokk, en	fracture
Knopf, der	knapp, en	button
Koch, Köchin	kokk, kokke	chef
Kochbuch, das	kokebok, en/ei	cookery book
kochen	å lage mat	(to) cook
Kochherd, der	komfyr, en	cooker
Kohl, der	kål, en	cabbage
Kohle, die	kull, et	coal
Kokain, das	kokain, en	cocaine
Kolonie, die	koloni, en	colony
Kolumbien	Colombia	Colombia
kommen	å komme	(to) come
kommen aus	å komme fra	(to) come from
Kommentar, der	kommentar, en	comment
Kommunikation, die	kommunikasjon, en	communication
kommunistisch	kommunistisk	communist
Kompass, der	kompass, et	compass
Komposition, die	musikkstykke, et	composition
Kompromiss, der	kompromiss, et	compromise
Kondition, die	kondisjon, en	fitness
Kondom, das	kondom, et	condom
Konflikt, der	konflikt, en	conflict

19. Alphabetisch sortierte Wortsammlung

Kongress, der	kongress, en	conference
König(in)	konge, dronning	king, queen
königlich	kongelig	royal
Königreich, das	kongerike, et	kingdom
konkurrieren	å konkurrere	(to) compete
können	å kunne	(to) can, could
konservieren	å hermetisere	(to) preserve
konsumieren	å konsumere	(to) consume
Kontakt, der	kontakt, en	contact
Kontinent, der	kontinent, et	continent
Konto, das	konto, en	account
Kontrolle, die	kontroll, en	control
kontrollieren	å kontrollere	(to) control
konvertieren	å konvertere	(to) convert
Konzentration, die	konsentrasjon, en	concentration
konzentrieren	å konsentrere	(to) concentrate
Konzern, der	konsern, et	corporation
Konzert, das	konsert, en	concert
Kopf, der	hode, et	head
Kopfschmerzen (plu)	hodepine, en	headache
Kopie, die	kopi, en	copy
kopieren	å kopiere	(to) copy
Koran, der	koran, en	Koran
Körper, der	kropp, en	body
körperlich	korporlig	physical
korrigieren	å rette	(to) correct
kosten	å koste	(to) cost
Kosten (plu)	bekostning, en/ei	costs (plu)
kostenlos	gratis	free
Kraftwerk, das	kraftstasjon, en	power plant
Krampf, der	krampe, em	cramp
Kran, der	kran, en/ei	crane
krank	syk	ill
Krankenhaus, das	sykehus, et	hospital
Krankenversicherung, die	syketrygd, en/ei	health insurance
Krankenwagen, der	ambulanse, en	ambulance
Krawatte, die	slips, et	tie
kreativ	kreativ	creative
Krebs, der	cancer, en	cancer
Kredit, der	kreditt, en	credit
Kreditkarte, die	kredittkort, et	credit card
Kreide, die	kritt, et	chalk
Kreis, der	sirkel, en	circle
Kreisverkehr, der	rundkjøring, en/ei	roundabout
Kreuz, das	kryss, et	cross
Kreuzfahrt, die	cruisefart, en	cruise
Kreuzung, die	kryss, et	intersection
Kreuzworträtsel, das	kryssord, et	crossword
Krieg, der	krig, en	war
kriminell	kriminell	criminal

19. Alphabetisch sortierte Wortsammlung

Krise, die	krise, en/ei	crisis
kritisch	kritisk	critical
kritisieren	å kritisere	(to) criticize
Kroatien	Kroatia	Croatia
Krone (Währungseinheit)	krone, en	krone
Krone, die	krone, en	crown
Krücke, die	krykke, en/ei	crutch
Kuba	Cuba	Cuba
Küche, die	kjøkken, et	kitchen
Kuchen, der	kake, en/ei	cake
Kuh, die	ku, en	cow
Kühlschrank, der	kjøleskap, et	refrigerator
Kultur, die	kultur, en	culture
Kunde, Kundin	kunde, en	customer
kündigen	å avskjedige	(to) quit
Kündigung, die	oppsigelse, en	dismissal
Kunst, die	kunst, en	art
Kunst(erziehung), die	kunstopplæring, en/ei	art
Künstler(in)	kunstner, en	artist
Kupfer, das	kopper, et	copper
Kurs, der	kurs, en	course
Kurve, die	kurve, en	curve
kurz	kort	short
kurzfristig	kortvarig	short-term
Kurzgeschichte, die	novelle, en	short story
Kuss, der	kyss, et	kiss
küssen	å kysse	(to) kiss
Küste, die	kyst, en	coast
Labor, das	laboratorium, et	laboratory
lachen	å le	(to) laugh
Lachs, der	laks, en	salmon
Laden, der	butikk, en	shop
Ladung, die	ladning, en/ei	load
Lage, die	lokasjon, en	location
Lager, das	lager, et	warehouse
Lamm, das	lam, et	lamb
Lampe, die	lampe, en/ei	lamp
Land, das	land, et	country
landen	å lande	(to) land
ländlich	landlig	rural
Landschaft, die	landskap, et	landscape
Landwirtschaft, die	landbruk, et	agricultural
lang	lang	long
Länge, die	lengde, en/ei	length
langfristig	langsiktig	long-term
langsam	langsom	slow
Lärm, der	bråk, et	noise
Laser, der	laser, en	laser
Lastwagen, der	lastebil, en	truck
Latein	latin, en	Latin

19. Alphabetisch sortierte Wortsammlung

laufen	å gå	(to) walk
laut	høy	loud
Lautsprecher, der	høyttaler, en	speaker
Lautstärke, die	volum, et	volume
leben	å leve	(to) live
Leben, das	liv, et	life
lebend	nålevende	living
Lebenslauf, der	levnetsløp	résumé
Leber, die	lever, en	liver
lecker	lekker	delicious
Leder, das	lær, et	leather
ledig	enslig	single
legal	legal	legal
Lehrbuch, das	lærebok, en/ei	textbook
Lehre, die	lære, en/ei	apprenticeship
Lehrling, der	lærling, en	apprentice
Leiche, die	lik, et	corpse
leicht	lett	light
Leichtathletik	friidrett, en	athletics
leiden	å lide	(to) suffer
leiden an	å lide av	(to) suffer from
Leistung, die	prestasjon, en	performance
leiten	å lede	(to) lead
Leiter, die	stige, en	ladder
lernen	å lære	(to) learn
lesbisch	lesbisk	lesbian
lesen	å lese	(to) read
Lettland	Latvia	Latvia
leugnen	å benekte	(to) deny
Leute, Menschen (plu)	mennesker (plu)	people (plu)
Liberalismus, der	liberalisme	liberalism
Licht, das	lys, et	light
lieb	snill	kind
Liebe, die	kjærlighet, en/ei	love
lieben	å elske	(to) love
Lied, das	sang, en	song
lieferbar	på lager	available
liefern	å levere	(to) deliver
Lieferung, die	leveranse, en	delivery
Liegestuhl, der	liggestol, en	deck chair
Liga, die	divisjon, en	league
Likör, der	likør, en	liqueur
Lineal, das	linjal, en	ruler
Linie, die	linje, en/ei	line
links	til venstre	left
Litauen	Litauen	Lithuania
Liter, der	liter, en	litre
literarisch	litterær	literary
Literatur, die	litteratur, en	literature
Lobby, die	påtrykksgruppe, en	lobby

19. Alphabetisch sortierte Wortsammlung

loben	å prise	(to) praise
Loch, das	hull, et	hole
Locher, der	hullemaskin, en	punch
Löffel, der	skje, en/ei	spoon
lokal	lokal	local
lösen	å takle	(to) solve
Lösung, die	løsning, en/ei	solution
Löwe, der	løve, en	lion
Luft, die	luft, en	air
Lunge, die	lunge, en	lungs
lustig	morsom	funny
Luxemburg	Luxembourg	Luxembourg
Luxus, der	luksus, en	luxury
Lyrik, die	lyrikk, en	lyric
machen	å gjøre	(to) make
Macht, die	makt, en/ei	power
mächtig	mektig	powerful
Mädchen, das	jente, ei	girl
mager	mager	low-fat
Magie, die	magi, en	magic
Mahnung, die	purring, en/ei	warning
Mai, der	mai, en	May
Mais, der	mais, en	corn
malen	å male	(to) paint
Maler(in)	maler, en	painter
Malta	Malta	Malta
Manager(in)	manager, en	manager
Mangel, der	knapphet, en/ei	shortage
Mann, der	mann, en	man
männlich	mannlig	male
Mannschaft, die	mannskap, et	team
Mantel, der	kåpe, en/ei	coat
manuell	manuell	manual
Märchen, das	eventyr, et	fairytale
Marihuana, das	marihuana, en	marihuana
Marine, die	marine, en	navy
Marketing, das	markedsføring, en/ei	marketing
markieren	å markere	(to) mark
Markt, der	marked, et	market
Marmelade, die	syltetøy, et	jam
Marokko	Marokko	Morocco
Marsch, der	marsj, en	march
März, der	mars, en	March
Maschine, die	maskin, en	machine
Massage, die	massasje, en	massage
Maßstab, der	målestokk, en	scale
Materie, die	materie, en	matter
Mathematik, die	matematikk, en	math
Maurer(in)	murer, en	bricklayer
Maus, die	mus, en	mouse

19. Alphabetisch sortierte Wortsammlung

Medien (plu)	media (plu)	the media (plu)
Medikament, das	legemiddel, et	medicine
Medizin, die	medisin, en	medicine
medizinisch	medisinsk	medical
Meer, das	sjø, en	sea
Mehl, das	mel, et	flour
Mehrheit, die	flertall, et	majority
melken	å melke	(to) milk
Melodie, die	melodi, en	melody
Menge, die	mengde, en	amount
Mensa, die	matsal, en	refectory
Mensch, der	menneske, et	human
Menschenrechte (plu)	menneskerettighetene (plu)	human rights (plu)
menschlich	menneskelig	human
Messe, die	messe, en	fair
messen	å måle	(to) measure
Messer, das	kniv, en	knife
Messung, die	måling, en/ei	measurement
Metapher, die	metafor, en	metaphor
Meter, der	meter, en	metre
Methode, die	metode, en	method
Metzgerei, die	kjøttbutikk, en	butcher shop
Mexiko	Mexico	Mexico
Miete, die	leie, en/ei	rent
mieten	å leie	(to) rent
Mikrofon, das	mikrofon, en	microphone
Mikrowelle, die	mikrobølge, en/ei	microwave
Milch, die	melk, en/ei	milk
Militär, das	militær, en	army
Milliarde	milliard	billion
Million	million	million
Minderheit, die	mindretall, et	minority
Mindestlohn, der	minstelønn, en/ei	minimum wage
Mineralwasser, das	mineralvann, et	mineral water
minus	minus	minus
Minute, die	minutt, et	minute
mischen	å mikse	(to) mix
Mitglied, das	medlem, et	member
Mitleid, das	medlidenhet, en/ei	sympathy
Mittagessen, das	lunsj, en	lunch
Mitte, die	midte, en	middle
Mittelalter, das	middelalder, en	the Middle Ages
Mittwoch, der	onsdag, en	Wednesday
Möbel (plu)	møbler (plu)	furniture (plu)
Mode, die	mote, en	fashion
modern	moderne	modern
modisch	moderne	trendy
mögen	å like	(to) like
Möglichkeit, die	mulighet, en/ei	opportunity
momentan	nåværende	currently

19. Alphabetisch sortierte Wortsammlung

Monarchie, die	monarki, et	monarchy
Monat, der	måned, en	month
monatlich	månedlig	monthly
Mond, der	måne, en	moon
Mongolei	Mongolia	Mongolia
Monolog, der	monolog, en	monologue
Montag, der	mandag, en	Monday
Moral, die	moral, en	morals
moralisch	moralsk	moral
Mord, der	mord, et	murder
Mörder(in)	morder, en	murderer
morgen	i morgen	tomorrow
Morgen, der	morgen, en	morning
Moschee, die	moské, en	mosque
Motor, der	motor, en	motor
Motorrad, das	motorsykkel, en	motorcycle
müde	søvnig	tired
Müll, der	søppel, et	rubbish
multikulturell	flerkulturell	multicultural
multiplizieren	å multiplisere	(to) multiply
Mund, der	munn, en	mouth
mündlich	muntlig	oral
Münze, die	mynt, en	coin
Museum, das	museum, et	museum
Musik, die	musikk, en	music
musikalisch	musikalsk	musical
Musiker(in)	musiker, en	musician
Muskel, der	muskel, en	muscle
Muslim(in)	muslim, en	Muslim
Muster, das	mal, en	pattern
Muster, das (Probe)	prøve, en	sample
Mut, der	mot, et	courage
mutig	modig	brave
Mutter, die	mor, ei	mother
Mütze, die	lue, en/ei	cap
Nachbar(in)	nabo, en	neighbour
Nachfrage, die	etterspørsel, en	demand
nachhaltig	varig	sustainable
Nachmittag, der	ettermiddag, en	afternoon
Nachname, der	etternavn, et	surname
Nachricht, die	melding, en	message
Nachrichten(sendung), die	nyhetssending, en/ei	news broadcast
Nacht, die	natt, en/ei	night
Nachteil, der	bakside, en	disadvantage
Nachtisch, der	dessert, en	dessert
Nachttisch, der	nattbord, et	nightstand
Nacken, der	nakke, en	neck
nackt	naken	naked
Nagel, der	negl, en	nail
nahe	nær	near

19. Alphabetisch sortierte Wortsammlung

nähen	å sy	(to) sew
Nähnadel, die	synål, en	sewing needle
Name, der	navn, et	name
Nase, die	nese, en	nose
nass	våt	wet
Nation, die	nasjon, en	nation
national	nasjonal	national
Nationalismus, der	nasjonalisme	nationalism
nationalistisch	nasjonalistisk	nationalist
Nationalität, die	nasjonalitet, en	nationality
Nationalpark, der	nasjonalpark, en	national park
Natur, die	natur, en	nature
natürlich	naturlig	natural
Naturwissenschaft, die	naturvitenskap, en	natural sciences
Nebel, der	tåke, en	fog
neben	ved siden av	beside
Nebenjob, der	sidejobb, en	second job
negativ	negativ	negative
nehmen	å ta	(to) take
neidisch	avindsyk	jealous
nennen	å kalle	(to) call
Nepal	Nepal	Nepal
Nerv, der	nerve, en	nerve
nervös	nervøs	nervous
nett	hyggelig	nice
Netzwerk, das	nettverk, et	network
neugierig	nyfiken	curious
neun	ni	nine
neunzehn	nitten	nineteen
neunzig	nitti	ninety
neutral	nøytral	neutral
nichts	ingenting	nothing
nie	aldri	never
Niederlage, die	nederlag, et	defeat
Niederlande	Nederland	the Netherlands
niedrig	lav	low
nirgendwo	ingen sted	nowhere
Niveau, das	nivå, et	quality
Norden, der	nord, en	the north
nördlich	nord	northern
normal	normal	normal
Norwegen	Norge	Norway
Norwegisch	norsk	Norwegian
Note, die	karakter, en	mark
Noten, die	note, en	music
Notfall, der	nødstilfelle, et	emergency
notieren	å skrive ned	(to) write down
Notiz, die	notat, et	note
November, der	november, en	November
nüchtern	edru	sober

19. Alphabetisch sortierte Wortsammlung

null	null	zero
Nummer, die	nummer, et	number
Nuss, die	nøtt, en/ei	nut
Oberfläche, die	overflate, en	surface
Obst, das	frukt, en/ei	fruit
Obstsalat, der	fruktsalat, en	fruit salad
offen	åpen	open
öffentlich	offentlig	public
Öffentlichkeit, die	offentlighet, en/ei	public
offiziell	offisiell	official
öffnen	å åpne	(to) open
Öffnungszeiten (plu)	åpningstider (plu)	opening hours (plu)
Ohnmacht, die	besvimelse, en	faint
Ohr, das	øre, et	ear
Ohrring, der	ørering, en	earring
ökologisch	økologisk	ecological
Oktober, der	oktober, en	October
Öl, das	olje, en/ei	oil
Onkel, der	onkel, en	uncle
Oper, die	opera, en	opera
Operation, die	operasjon, en	operation
operieren	å operere	(to) operate on
Opfer, das	offer, et	victim
Opposition, die	opposisjon, en	opposition
optimistisch	optimistisk	optimistic
orange	oransje	orange
Orange, die	appelsin, en	orange
Orchester, das	orkester, et	orchestra
Organ, das	organ, et	organ
Organisation, die	organisasjon, en	organization
organisieren	å organisere	(to) organize
Orgel, die	orgel, et	organ
original	original	original
Osten, der	Østen	the East
Osten, der	øst, en	the east
Österreich	Østerrike	Austria
östlich	øst	eastern
oval	oval	oval
Ozean, der	osean, et	ocean
Paar, das	par, et	couple
Packung, die	pakke, en/ei	pack
Paket, das	pakke, en/ei	package
Pakistan	Pakistan	Pakistan
Panik, die	panikk, en	panic
Panzer, der	panser, en	tank
Papier, das	papir, et	paper
Papst, der	pave, en	the Pope
Paradies, das	paradis, et	paradise
Paraguay	Paraguay	Paraguay
parallel	parallell	parallel

19. Alphabetisch sortierte Wortsammlung

Park, der	park, en	park
parken	å parkere	(to) park
Parkplatz, der	parkeringsplass, en	parking lot
Parlament, das	parlament, et	parliament
Parodie, die	parodi, en	parody
Partei, die	parti, et	party
Partner(in)	partner, en	partner
Passagier, der	passasjer, en	passenger
passen	å passe	(to) fit
passieren	å skje	(to) happen
Patent, das	patent, et	patent
Patient(in)	pasient, en	patient
Pause, die	pause, en	break
peinlich	pinlig	embarrassing
pendeln	å pendle	(to) commute
Penis, der	penis, en	penis
Perle, die	perle, en	pearl
Person, die	person, en	person
Personal, das	personale, et	staff
persönlich	personlig	personal
Persönlichkeit, die	personlighet, en/ei	personality
Perspektive, die	perspektiv, et	perspective
Peru	Peru	Peru
Petersilie, die	persille, en	parsley
Pfadfinder, die	speider, en	scout
Pfanne, die	panne, en/ei	pan
Pfannkuchen, der	pannekake, en/ei	pancake
Pfeffer, der	pepper, en	pepper
Pferd, das	hest, en	horse
Pflanze, die	plante, en/ei	plant
Pflaster, das	plaster, et	plaster
Pflege, die	pleie, en	care
pflegen	å pleie	(to) maintain
Pflicht, die	plikt, en/ei	duty
pflücken	å plukke	(to) pick
Philosophie, die	filosofi, en	philosophy
Physik, die	fysikk, en	physics
Pilot(in)	pilot, en	pilot
Pilz, der	sopp, en	mushroom
Pinsel, der	pensel, en	brush
Pipeline, die	rørledning, en/ei	pipeline
Plakat, das	plakat, en	poster
Planet, der	planet, en	planet
Platz, der	plass, en	place
plötzlich	plutselig	suddenly
plus	pluss	plus
Pol, der	pol, en	pole
polar	polar	polar
Polen	Polen	Poland
Politik, die	politikk, en	politics

19. Alphabetisch sortierte Wortsammlung

Politiker(in)	politiker, en	politician
politisch	politisk	political
Polizei, die	politi, et	police
Pommes frites (plu)	pommes frites (plu)	fries (plu)
Popcorn, das	popkorn, et	popcorn
Popmusik, die	popmusikk, en	pop music
Portion, die	porsjon, en	portion
Porträt, das	portrett, et	portrait
Portugal	Portugal	Portugal
Posaune, die	basun, en	trombone
Position, die	posisjon, en	position
positiv	positiv	positive
Post, die	post, en	post
Postamt, das	postkontor, et	post office
Postkarte, die	postkort, et	postcard
Postleitzahl, die	postnummer, et	zip code
Praktikum, das	praksis, en	internship
Präsident(in)	president, en	president
präzise	presis	precise
predigen	å preke	(to) preach
Preis, der	pris, en	price
Preisschild, das	prislapp, en	price tag
Presse, die	presse, en/ei	the press
Prinz, Prinzessin	prins, prinsesse	prince, princess
privat	privat	private
Probe, die	øvelse	rehearsal
Probe, die	prøve, en/ei	sample
probieren	å smake på noe	(to) try
Problem, das	problem, et	problem
Produkt, das	produkt, et	product
Produktion, die	produksjon, en	production
Produzent, der	produsent, en	producer
produzieren	å produsere	(to) produce
Professor, der	professor, en	professor
profitieren	å nyte godt av noe	(to) make a profit
Programm, das	program, et	program
programmieren	å programmere	(to) program
Projekt, das	prosjekt, et	project
Prophet(in)	profet, en	prophet, prophetess
Prosa, die	prosa, en	prose
protestieren	å protestere	(to) protest
Prothese, die	protese, en	prothesis
Provision, die	provisjon, en	commission
provozieren	å provosere	(to) provoke
Prozent, das	prosent, en	per cent
Prüfung, die	eksamen, en	exam
Psychologie, die	psykologi, en	psychology
Pubertät, die	pubertet, en	puberty
Publikum, das	publikum, et	audience
Pullover, der	genser, en	pullover

19. Alphabetisch sortierte Wortsammlung

Pulver, das	pulver, et	powder
Pumpe, die	pumpe, en/ei	pump
Punkt, der	punkt, et	point
Puppe, die	dukke, en/ei	puppet
quadratisch	kvadratisk	square
Qualifikation, die	kvalifikasjon, en	qualification
Qualität, die	kvalitet, en	quality
Quartal, das	kvartal, et	quarter
Quelle, die	kilde, en	spring
Querflöte, die	tverrfløyte, en/ei	flute
Quittung, die	kvittering, en/ei	receipt
Rabatt, der	rabatt, en	discount
Rad, das	hjul, et	wheel
Radiergummi, das	viskelær, et	rubber
Radieschen, das	reddik, en	radish
Radio, das	radio, en	radio
radioaktiv	radioaktiv	radioactive
Rahmen, der	karm, en	frame
Rakete, die	rakett, en	rocket
Rand, der	rand, en	edge
Rasen, der	plen, en	lawn
Rasenmäher, der	plenklipper, en	lawnmower
rassistisch	rasistisk	racist
Rate, die	rate, en	installment
Rathaus, das	rådhus, et	town hall
Rauch, der	røyk, en	smoke
rauchen	å røyke	(to) smoke
Raum, der	rom, et	space
Raute, die	rombe, en	diamond
reagieren	å reagere	(to) react
Reaktion, die	reaksjon, en	reaction
realistisch	realistisk	realistic
Realität, die	realitet, en	reality
Rechnung, die	regning, en/ei	bill
Recht, das	rettighet, en/ei	right
Rechteck, das	rektangel, en	rectangle
rechts	til høyre	right
Rechtsanwalt/-anwältin	advokat, en	lawyer
Rede, die	tale, en	speech
Refrain, der	refreng, et	refrain
Regal, das	hylle, en/ei	shelves (plu)
Regel, die	regel, en	rule
regelmäßig	jevnlig	frequent
Regen, der	regn, et	rain
Regenbogen, der	regnbue, en	rainbow
Regenschirm, der	paraply, en	umbrella
regieren	å regjere	(to) govern
Regierung, die	regjering, en/ei	government
Region, die	region, en	region
regional	regional	regional

19. Alphabetisch sortierte Wortsammlung

Regisseur, der	regissør, en	director
reich	rik	rich
Reichweite, die	rekkevidde, en/ei	range
reif	moden	ripe
Reifen, der	dekk, et	tyre
Reihenfolge, die	rekkefølge, en	order
Reim, der	rim, et	rhyme
reinigen	å rengjøre	(to) clean
Reis, der	ris, en	rice
Reisepass, der	pass, et	passport
Reißverschluss, der	glidelås, en	zipper
reiten	å ri	(to) ride
Reiz, der	sjarm, en	appeal
Rekord, der	rekord, en	record
Religion, die	religion, en	religion
Religionslehre, die	religionsundervisning, en	religious education
religiös	religiøs	religious
rennen	å renne	(to) run
Rennen, das	renn, et	race
renovieren	å renovere	(to) renovate
Rente, die	alderstrygd, en/ei	pension
Rentner(in)	pensjonist, en	pensioner
reparieren	å fikse	(to) repair
Reporter(in)	reporter, en	reporter
repräsentieren	å representere	represent
reservieren	å reservere	(to) reserve
Respekt, der	respekt, en	respect
Rest, der	rest, en	rest
Restaurant, das	restaurant, en	restaurant
retten	å redde	(to) save
Revolution, die	revolusjon, en	revolution
Rezept, das	resept, en	recipe
Rezeption, die	resepsjon, en	reception
Rezession, die	nedgangstid, en/ei	recession
Rhetorik, die	retorikk, en	rhetoric
Rhythmus, der	rytme, en	rhythm
Richter(in)	dommer, en	judge
richtig	riktig	right
Richtung, die	retning, en/ei	direction
riechen	å lukte	(to) smell
Rinde, die	bark, en	bark
Rindfleisch, das	oksekjøtt, et	beef
Risiko, das	risiko, en	risk
Ritual, das	ritual, et	ritual
Roboter, der	robot, en	robot
Rock, der	skjørt, et	skirt
Rockmusik, die	rockemusikk, en	rock
roh	rå	raw
Rollstuhl, der	rullestol, en	wheelchair
Rolltreppe, die	rulletrapp, en/ei	escalator

19. Alphabetisch sortierte Wortsammlung

Roman, der	roman, en	novel
romantisch	romantisk	Romantic
rosa	rosa	pink
rot	rød	red
Rücksitz, der	baksete, et	back seat
rudern	å ro	(to) row
Ruhestand, der	otium, et	retirement
ruhig	rolig	quiet
Ruine, die	ruin, en	ruins
Rum, der	rom, en	rum
Rumänien	Romania	Romania
rund	rund	round
Russisch	russisk	Russian
Russland	Russland	Russia
Rutsche, die	sklie, en	slide
Saft, der	juice, en	juice
Sage, die	sagn, et	legend
Säge, die	sag, en	saw
sägen	å sage	(to) saw
Sahne, die	fløte, en	cream
Saison, die	sesong, en	season
Salat, der	salat, en	salad
Salz, das	salt, et	salt
salzig	salt	salty
sammeln	å samle	(to) collect
Sammlung, die	samling, en/ei	collection
Samstag, der	lørdag, en	Saturday
Sand, der	sand, en	sand
Sänger(in)	sanger, en	singer
Sanktion, die	sanksjon, en	sanction
Satellit, der	satellitt, en	satellite
Satire, die	satire, en	satire
satt	mett	full
sauber	ren	clean
Saudi-Arabien	Saudi-Arabia	Saudi Arabia
sauer	sur	sour
Sauerstoff, der	surstoff, et	oxygen
Saxophon, das	saksofon, en	saxophone
Schach, das	sjakk, en	chess
Schachtel, die	eske, en/ei	box
Schaden, der	skade, en	damage
Schaf, das	får, et	sheep
Schallplatte, die	grammofonplate, en/ei	record
scharf	sterk	hot
Schatten, der	skygge, en	shadow
schätzen	å estimere	(to) guess
Schaukel, die	gynge, en	swing
Schauspieler(in)	skuespiller, en	actor
Scheibe, die	skive, en/ei	slice
Scheidung, die	skilsmisse, en	divorce

19. Alphabetisch sortierte Wortsammlung

Schere, die	saks, en	scissors
Schicht, die	lag, et	shift
Schicksal, das	skjebne, en	fate
schießen	å skyte	(to) shoot
Schiff, das	båt, en	ship
Schinken, der	skinke, en/ei	ham
Schlafanzug, der	nattøy, et	pyjamas
schlafen	å sove	(to) sleep
Schlafsack, der	sovepose, en	sleeping bag
Schlafzimmer, das	soverom, et	bedroom
schlagen	å slå	(to) hit
Schlagzeile, die	avisoverskrift, en/ei	headline
Schlagzeug, das	slagverk, et	drums
Schlamm, der	slam, et	mud
Schlange, die	orm, en	snake
schlau	flink	clever
Schlauchboot, das	gummibåt, en	rubber boat
schlecht	dårlig	bad
schleppen	å taue	(to) tow
Schloss, das	slott, et	palace
schlucken	å sluke	(to) swallow
Schlüssel, der	nøkkel, en	key
schmelzen	å smelte	(to) melt
schmerzen	å gjøre vondt	(to) hurt
Schmuck, der	smykke, et	jewellery
Schmutz, der	smuss, et	dirt
schmutzig	skitne	dirty
Schnee, der	snø, en	snow
schneiden	å skjære	(to) cut
Schneider(in)	skredder, en	tailor
schnell	rask	fast
Schnur, die	snor, en	cord
Schock, der	sjokk, et	shock
Schokolade, die	sjokolade, en	chocolate
schön	fin	fine
Schöpfung, die	skapelse, en	creation
Schrank, der	skap, et	cupboard
Schraube, die	skrue, en	screw
Schraubenschlüssel, der	skrunøkkel, en	spanner
Schraubenzieher, der	skrujern, et	screwdriver
schrecklich	forferdelig	terrible
schreiben	å skrive	(to) write
Schreibtisch, der	skrivebord, et	desk
Schreiner(in)	møbelsnekker, en	joiner
schriftlich	skriftlig	written
schüchtern	sjenert	shy
Schuh, der	sko, en	shoe
Schulabschluss, der	eksamensbevis, et	high school diploma
Schuld, die	skyld, en	fault
schulden	å skylde	(to) owe

19. Alphabetisch sortierte Wortsammlung

Schulden (plu)	gjeld, en	debts (plu)
schuldig	skyldig	guilty
Schule, die	skole, en	school
Schüler(in)	elev, en	student
Schulferien, die	skoleferie, en	school holidays
Schuljahr, das	skoleår, et	school year
Schulter, die	skulder, en	shoulder
schummeln	å jukse	(to) cheat
Schutz, der	beskyttelse, en	protection
schützen	å beskytte	(to) protect
schwach	svak	weak
schwanger	gravid	pregnant
Schwangerschaft, die	graviditet, en	pregnancy
Schwanz, der	hale, en	tail
schwarz	svart	black
Schweden	Sverige	Sweden
Schwedisch	svensk	Swedish
Schwein, das	svin, et	pig
Schweinefleisch, das	svinekjøtt, et	pork
Schweiß, der	svette, en	sweat
Schweiz	Sveits	Switzerland
schwer	tung	heavy
Schwester, die	søster, ei	sister
schwierig	vanskelig	difficult
Schwimmbad, das	bad, et	swimming pool
schwimmen	å svømme	(to) swim
schwindelig	svimmel	dizzy
schwitzen	å svette	(to) sweat
schwul	skjev	gay
sechs	seks	six
sechzehn	seksten	sixteen
sechzig	seksti	sixty
See, der	vann, et	lake
Seele, die	sjel, en	soul
seelisch	psykisk	psychological
segeln	å seile	(to) sail
sehen	å se	(to) see
Sehenswürdigkeit, die	severdighet, en/ei	sights (plu)
Seide, die	silke, en	silk
Seife, die	såpe, en/ei	soap
Seil, das	reip, et	rope
Seite, die	side, en/ei	side
Sekt, der	sekt, en	sparkling wine
Sekunde, die	sekund, et	second
selbstbewusst	selvbevisst	self-confident
selbstständig	selvstendig	independent
selten	sjelden	seldom
Semester, das	semester, et	semester
Sender, der	sender, en	channel
Senf, der	sennep, en	mustard

19. Alphabetisch sortierte Wortsammlung

senkrecht	loddrett	vertical
September, der	september, en	September
Serbien	Serbia	Serbia
seriös	seriøs	respectable
Serviette, die	serviett, en	napkin
Sessel, der	lenestol, en	armchair
sich beeilen	å forte seg	(to) hurry up
sich beteiligen	å delta	(to) take part
sich bewerben	å søke	(to) apply
sich drehen	å vende	(to) turn
sich entspannen	å slappe av	(to) relax
sich leihen	å låne	(to) borrow
sich trennen	å skilles	(to) part
sich verbessern	å forbedre	(to) improve
sicher	sikker	safe
Sicherheit, der	sikkerhet, en/ei	security
Sicherheitskontrolle, die	sikkerhetskontroll, en	security check
sieben	sju / syv	seven
siebzehn	søtten	seventeen
siebzig	sytti	seventy
Siedlung, die	bebyggelse, en	settlement
Sieg, der	seier, en	victory
Sieger, Siegerin	vinner, en	winner
Silber, das	sølv, et	silver
singen	å synge	(to) sing
sinken	å synke	(to) sink
Sinn, der	sans, en	sense
Sirup, der	sirup, en	syrup
Situation, die	situasjon, en	situation
Sitz, der	sete, et	seat
sitzen	å sitte	(to) sit
Skelett, das	skjelett, et	skeleton
Ski, der	ski, en/ei	ski
Skipiste, die	skiløype, en	ski run
Sklave, Sklavin	slave, en	slave
Skulptur, die	skulptur, en	sculpture
Slowakei	Slovakia	Slovakia
Slowenien	Slovenia	Slovenia
Socke, die	sokk, en	sock
Sofa, das	sofa, en	sofa
sofort	med en gang	immediately
Sohn, der	sønn, en	son
Soldat(in)	soldat, en	soldier
Sommer, der	sommer, en	summer
Sonett, das	sonett, en	sonnet
Sonne, die	sol, en	sun
Sonnenlicht, das	sollys, et	sunlight
Sonnenschein, der	solskinn, et	sunshine
sonnig	solrik	sunny
Sonntag, der	søndag, en	Sunday

19. Alphabetisch sortierte Wortsammlung

Sorge, die	bekymring, en/ei	worry
Soße, die	saus, en	sauce
Souvenir, das	suvenir, et	souvenir
Sozialismus, der	sosialisme	socialism
Sozialkunde, die	samfunnsfag, et	social studies
Spanien	Spania	Spain
Spanisch	spansk	Spanish
Spannung, die	spenning, en/ei	suspense
sparen	a spare	(to) save
sparsam	sparsom	thrifty
Spaß, der	gøy, et	fun
spät	sen	late
Spaziergang, der	spasertur, en	walk
speichern	å lagre	(to) store
Speisekarte, die	meny, en	menu
Speiseröhre, die	spiserør, et	gullet
Spende, die	gave, en/ei	donation
spenden	å donere	(to) donate
Spezialist, der	spesialist, en	specialist
Spiegel, der	speil, et	mirror
Spiel, das	spill, et	game
spielen	å spille	(to) play
Spielfeld, das	bane, en	playing field
Spielkarte, die	spillekort, et	playing card
Spielplatz, der	lekeplass, en	playground
Spielstand, der	stilling, en/ei	score
Spielzeug, das	leketøy, et	toy
spirituell	åndelig	spiritual
Spitzbergen	Svalbard	Spitsbergen
Sport, der	sport, en	sport
Sportart, die	idrettsgren, en	discipline
Sprache, die	språk, et	language
sprechen	å snakke	(to) speak
springen	å hoppe	(to) jump
Spritze, die	sprøyte, en/ei	injection
Staat, der	stat, en	the state
Staatsgrenze, die	grense, en/ei	border
Staatsstreich, der	statskupp, et	coup
stabil	stabil	stable
Stadion, das	stadion, et	stadium
städtisch	bymessig	urban
Stahl, der	stål, et	steel
Stamm, der	stamme, en	trunk
Standard, der	standard, en	standard
Standpunkt, der	standpunkt, et	point of view
stark	sterk	strong
Start, der	start, en	start
starten	å starte	(to) take off
stattfinden	å finne sted	(to) take place
Statue, die	statue, en	statue

19. Alphabetisch sortierte Wortsammlung

Stau, der	bolkø, en	traffic jam
Staub, der	støv, et	dust
Steak, das	biff, en	steak
Steckdose, die	stikkontakt, en	socket
stehen	å sta	(to) stand
stehlen	å stjele	(to) steal
steif	stiv	stiff
steigern	å forhøye	(to) increase
steil ansteigend	steil	steep
Stein, der	stein, en	stone
Stempel, der	stempel, et	stamp
sterben	å dø	(to) die
Stern, der	stjerne, en/ei	star
Steuer, die	avgift, en/ei	tax
Stiefel, der	støvel, en	boot
Stiefmutter, die	stemor, en/ei	stepmother
Stiefvater, der	stefar, en	stepfather
Stift, der	stift, en	pencil
Stil, der	stilart, en/ei	style
stilistisch	stilistisk	stylistic
Stimme, die	mæle, et	voice
Stimme, die	stemme, en	vote
Stimmung, die	stemning, en/ei	atmosphere
Stipendium, das	stipend, et	scholarship
Stoff, der	stoff, et	material
stören	å forstyrre	(to) disturb
Strafe, die	straff, en	punishment
Strand, der	stand, en	beach
Straße, die	vei, en	road
Straßenbahn, die	sporvei, en	tram
Straßenkarte, die	veikart, et	road map
Strategie, die	strategi, en	strategy
Streik, der	streik, en	strike
streiken	å streike	(to) strike
Streit, der	dyst, en	argument
streiten	å kjekle	(to) argue
streng	striks	strict
Stress, der	stress, et	stress
Stroh, das	strå, et	straw
Struktur, die	struktur, en	structure
Stück, das	stykke, et	piece
Student(in)	student, en	student
Studentenwohnheim, das	studenthjem, et	hall of residence
studieren	å studere	(to) study
Studio, das	studio, et	studio
Studium, das	studium, et	studies
Stuhl, der	stol, en	chair
Stunde, die	time, en	hour
Stundenplan, der	timeplan, en	schedule
Sturm, der	storm, en	storm

19. Alphabetisch sortierte Wortsammlung

subtrahieren	å subtrahere	(to) subtract
suchen	å lete	(to) search
Südafrika	Sørafrika	South Africa
Süden, der	syd, en	the south
südlich	søndre	southern
Summe, die	sum, en	sum
Sünde, die	synd, en/ei	sin
Suppe, die	supe, en/ei	soup
süß	søt	sweet
Symbol, das	symbol, et	symbol
Synagoge, die	synagoge, en	synagogue
synthetisch	syntetisk	synthetic
System, das	system, et	system
Szene, die	scene, en	scene
T-Shirt, das	T-skjorte, en	t-shirt
Tabak, der	tobakk, en	tobacco
Tabelle, die	tabell, en	table
Tablette, die	tablett, en	pill
Tafel, die	tavle, en/ei	board
Tag, der	dag, en	day
Tagebuch, das	journal, en	diary
täglich	hverdags	daily
Tal, das	dal, en	valley
Talent, das	talent, et	talent
Tankstelle, die	bensinstasjon, en	gas station
Tante, die	tante, en	aunt
Tanz, der	dans, en	dance
tanzen	å danse	(to) dance
Tasche, die	veske, en/ei	bag
Taschengeld, der	lommepenger (plu)	pocket money (plu)
Taschenlampe, die	lommelykt, en/ei	flashlight
Taschentuch, das	lommetørkle, et	tissue
Tasse, die	kopp, en	cup
Tastatur, die	tastatur, et	keyboard
Taste, die	tast, en	button
taub	døv	deaf
tausend	tusen	thousand
Taxi, das	drosje, en/ei	taxi
technisch	teknisk	technical
Technologie, die	teknologi, en	technology
Tee, der	te, en	tea
Teekanne, die	tekanne, en/ei	teapot
Teil, das	del, en	part
teilen	å dele	(to) share
Teilzeit-	deltid, en/ei	part-time
Telefon, das	telefon, en	telephone
Telefonbuch, das	telefonkatalog, en	directory
Telefonnummer, die	telefonnummer, et	phone number
Telefonzelle, die	telefonboks, en	phone box
Teller, der	tallerken, en	plate

19. Alphabetisch sortierte Wortsammlung

Temperatur, die	temperatur, en	temperature
Tennis	tennis, en	tennis
Teppich, der	teppe, et	carpet
Termin, der	termin, en	appointment
Terrasse, die	terrasse, en	terrace
Terrorismus	terrorisme	terrorism
Terrorist(in)	terrorist, en	terrorist
Testament, das	testament, en	testament
teuer	dyr	expensive
Teufel, der	djevel, en	devil
Text, der	tekst, en	text
Thailand	Thailand	Thailand
Theater, das	teater, et	theatre
Thema, das	tema, et	issue / topic
theoretisch	teoretisk	theoretical
Theorie, die	teori, en	theory
Thermometer, das	termometer, et	thermometer
Thunfisch, der	tunfisk, en	tuna
tief	dyp	deep
Tiefe, die	dyp, et	depth
Tier, das	dyr, et	animal
Tiger, der	tiger, en	tiger
tilgen	å slette	(to) pay off
Tinte, die	blekk et	ink
Tisch, der	bord, et	table
Tischtennis	bordtennis, en	table tennis
Titel, der	tittel, en	title
Tochter, die	datter, ei	daughter
Tod, der	død, en	death
Toilette, die	toalett, et	toilet
Tomate, die	tomat, en	tomato
Ton, der	klang, en	sound
tot	død	dead
töten	å drepe	(to) kill
Tourismus, der	reiseliv, et	tourism
Tourist(in)	turist, en	tourist
Tradition, die	tradisjon, en	tradition
traditionell	tradisjonell	traditional
tragisch	tragisk	tragic
Trainer(in)	trener, en	coach
trainieren	å trene	(to) practice
Training, das	trening, en/ei	practice
Traktor, der	traktor, en	tractor
transportieren	å transportere	(to) transport
Traum, der	drøm, en	dream
träumen	å drømme	(to) dream
traurig	bedrøvelig	sad
treffen	å møte	(to) meet
Trennung, die	separasjon, en	separation
Treppe, die	trapp, en/ei	stairs

19. Alphabetisch sortierte Wortsammlung

trinken	å drikke	(to) drink
Trinkgeld, das	drikkepenger (plu)	tip
trocken	tørr	dry
trocken	tørr	dry
trocknen	å tørke	(to) dry
Trommel, die	tromme, en	drum
Trompete, die	trompet, en	trumpet
Tropfen, der	drypp, et	drop
Tschechien	Tsjekkia	Czech Republic
Tuba, die	tuba, en	tuba
Tunnel, der	tunnel, en	tunnel
Tür, die	dør, en/ei	door
Türkei	Tyrkia	Turkey
Turm, der	tårn, et	tower
Turnhalle, die	gymnastikksal, en	gymnasium
Turnier, das	turnering, en/ei	tournament
üben	å øve	(to) practice
über	over	above
überall	overalt	anywhere
überholen	å passere	(to) pass
überleben	å overleve	(to) survive
übernachten	å overnatte	(to) stay
Übernahme, die	overtakelse, en	acquisition
übernehmen	å overta	(to) take over
überprüfen	å kontrollere	(to) check
überqueren	å krysse	(to) cross
Überraschung, die	overraskelse, en	surprise
Überschuss, der	overskudd, et	surplus
übersetzen	å oversette	(to) translate
Übersetzung, die	oversettelse, en	translation
Übersicht, die	oversikt, en	overall view
übertreiben	å overdrive	(to) exaggerate
überweisen	å overføre	(to) transfer
Übung, die	trening, en/ei	exercise
Ufer, das	bredd, en/ei	shore
Uhr (Uhrzeit)	klokke, en/ei	o'clock
Ukraine	Ukraina	Ukraine
Ultraschall, der	ultralyd, en	ultrasound
Umfrage, die	rundspørring, en/ei	poll
umrühren	å røre i noe	(to) stir
Umsatz, der	omsetning, en/ei	turnover
umsteigen	å skifte	(to) change
Umwelt, die	omgivelser (plu)	the environment
umziehen	å flytte	(to) move
Unabhängigkeit, die	uavhengighet, en/ei	independence
unbefristet	permanent	permanent
unentschieden	uavgjort	draw
Unfall, der	ulykke, en/ei	accident
Ungarn	Ungarn	Hungary
ungeduldig	utålmodig	impatient

19. Alphabetisch sortierte Wortsammlung

ungefähr	omtrent	roughly
ungelernt	ufaglært	unskilled
unhöflich	uhøflig	impolite
Uniform, die	uniform, en/ei	uniform
Uniform, die	uniform, en/ei	uniform
Universität, die	universitet, et	university
unschuldig	uskyldig	innocent
unter	under	below
unterdrücken	å undertrykke	(to) oppress
untergehen	å gå ned	(to) set
Unterhaltung, die	konversasjon, en	conversation
Unterhemd, das	undertrøye, en/ei	vest
Unterkunft, die	innkvartering, en/ei	accomodation
Unternehmen, das	bedrift, en	company
unterschreiben	å signere	(to) sign
Unterschrift, die	underskrift, en/ei	signature
unterstreichen	å understreke	(to) underline
Unterstützung, die	støtte, en/ei	support
untersuchen	å befare	(to) investigate
Untersuchung, die	undersøkelse, en	investigation
Untertitel, der	teksting, en/ei	subtitle
Unterwäsche, die	undertøy, et	underwear
Urlaub, der	ferie, en	holiday
Ursprung, der	opphav, et	origin
Urteil, das	dom, en	judgment
Uruguay	Uruguay	Uruguay
Vagina, die	vagina, en	vagina
Vanille, die	vanilje, en	vanilla
Vase, die	vase, en	vase
Vater, der	far, en	father
Vene, die	vene, en	vein
Venezuela	Venezuela	Venezuela
Ventilator, der	ventilator, en	ventilator
Verabredung, die	avtale, en	date
Veranstaltung, die	arrangement, et	event
verantwortlich	ansvarlig	responsible
Verantwortung, die	ansvar, et	responsibility
Verband, der	bandasje, en	bandage
Verbesserung, die	forbedring, en/ei	improvement
verbieten	å forby	(to) forbid
Verbindung, die	forbindelse, en	connection
Verbot, das	forbud, et	ban
Verbraucher(in)	konsument, en	consumer
Verbrechen, das	forbrytelse, en	crime
verdächtigen	å mistenke	(to) suspect
verdienen	å tjene	(to) earn
verdorben	bedervet	bad
Verein, der	klubb, en	club
Vereinigte Staaten (USA)	Forente stater (U.S.A)	United States
Vereinigung, die	forening, en/ei	organization

19. Alphabetisch sortierte Wortsammlung

Deutsch	Norwegisch	Englisch
Vereinten Nationen (plu)	Forente Nasjoner (plu)	the United Nations (plu)
Verfahren, das	fremgangsmåte, en	process
Verfassung, die	forfatning, en/ei	constitution
Vergangenheit, die	fortid, en/ei	past
vergessen	å glemme	(to) forget
Vergewaltigung, die	voldtekt, en	rape
Vergnügen, das	fornøyelse, en	pleasure
Verhalten, das	atferd, en/ei	behaviour
verhandeln	å forhandle	(to) negotiate
Verhandlung, die	forhandling, en/ei	negotiation
Verkauf, der	salg, et	sale
verkaufen	å selge	(to) sell
Verkäufer(in)	elger, en	sales assistant
Verkehr, der	trafikk, en	traffic
Verkehrsschild, das	trafikkskilt, et	road sign
Verlag, der	forlag, et	publisher
verlangen	å kreve	(to) demand
verleihen	a leie ut	(to) lend
verletzen	å skade	(to) hurt
verlieren	å miste	(to) lose
Verlierer, Verliererin	taper, en	loser
verlobt	forlovet	engaged
Verlobte(r)	forlovede (plu)	fiancé(e)
Verlust, der	underskudd, et	loss
vermeiden	å unngå	(to) avoid
vermieten	å leie ut	(to) rent out
vermissen	å savne	(to) miss
vermisst	forsvunnet	missing
Vermögen, das	formue, en	assets
verpassen	å gå glipp av	(to) miss
verpflichtend	forpliktende	binding
verringern	å forringe	(to) reduce
verrückt	gal	crazy
Verschmutzung, die	forurensning, en/ei	pollution
verschwenden	å sløse	(to) waste
Versicherung, die	assuranse, en	insurance
Verspätung, die	forsinkelse, en	delay
verstehen	å forstå	(to) understand
Versuch, der	forsøk, et	experiment / attempt
versuchen	å forsøke	(to) try
verteidigen	å forsvare	(to) defend
verteilen	å distribuere	(to) distribute
Vertrag, der	kontrakt, en	contract
verursachen	å volde	(to) cause
verurteilen	å dømme	(to) convict
Verwaltung, die	administrasjon, en	administration
verwandt	beslektet	related
Verwandte	slektning, en	relative
verwirren	å forvirre	(to) confuse
viel	mange, mye	much, many

19. Alphabetisch sortierte Wortsammlung

vier	fire	four
vierzehn	fjorten	fourteen
vierzig	førti	fourty
Vietnam	Vietnam	Vietnam
violett	fiolett	violet
Visum, das	visum, et	visa
Vogel, der	fugl, en	bird
Volk, das	folk, et	people
Volleyball	volleyball, en	volleyball
Vollzeit-	fulltid, en/ei	full-time
Volumen, das	volum, et	volume
Voraussage, die	forutsigelse, en	prediction
Vorgang, der	prosess, en	process
Vorlesung, die	forelesning, en/ei	lecture
Vorname, der	fornavn, et	first name
Vorrat, der	forråd, et	stocks
Vorschlag, der	forslag, et	proposal
vorschlagen	å foreslå	(to) propose
Vorschrift, die	forskrift, en/ei	rule
vorsichtig	forsiktig	careful
Vorspeise, die	forrett, en	starter
Vorteil, der	fordel, en	advantage
Vortrag, der	foredrag, et	lecture
Vorurteil, das	fordom, en	prejudice
Vorwort, das	forord, et	introduction
Vulkan, der	vulkan, en	volcano
Waage, die	vekt, en/et	scales
waagerecht	vannrett	horizontal
wach	våken	awake
wachsen	å vokse	(to) grow
Wachstum, das	vekst, en	growth
Waffe, die	våpen, et	weapon
Wahl, die	valg, et	election / choice
wählen	å velge	(to) choose / (to) vote
wahnsinnig	avsindig	insane
während	mens	during
wahrnehmen	å merke	(to) perceive
Währung, die	valuta, en	currency
Wal, der	hval, en	whale
Wand, die	vegg, en	wall
wandern	å vandre	(to) hike
Wanderstiefel, der	fjellstøvel, en	walking boots (plu)
Wanderung, die	vandring, en/ei	hike
wann	når	when
Waren (plu)	varer (plu)	goods (plu)
warm	varm	warm
warten	å vente	(to) wait
Warze, die	vorte, en/ei	wart
Wäsche, die	vask, en	washing
waschen	å vaske	(to) wash

19. Alphabetisch sortierte Wortsammlung

Waschmaschine, die	vaskemaskin, en	washing machine
Wasser, das	vann, et	water
Wecker, der	vekkerklokke, en/ei	alarm clock
Weg, der	vei, en	way
weiblich	kvinnelig	female
weich	bløt	soft
Wein, der	vin, en	vine
weinen	å gråte	(to) cry
weiß	hvit	white
weit	vid	far
Weizen, der	hvete, en	wheat
Welle, die	bølge, en/ei	wave
Welt, die	verden, en	world
Weltraum, der	verdensrom, et	space
weltweit	verdensomspennende	global
wenig	lite	little
werben	å verve	(to) advertise
Werbung, die	reklame, en	advertisement
werden	å bli	(to) become
Werft, die	verft, et	shipyard
Werk, das	verk, et	work
Werkstatt, die	verksted, et	workshop
Werkzeug, das	verktøy, et	tool
wertvoll	dyrebar	valuable
Weste, die	vest, en	waistcoat
Westen, der	vest, en	the west
westlich	vestre	western
Wettbewerb, der	konkurranse, en	competition
Wette, die	veddemål, et	bet
wetten	å vedde	(to) bet
Wetter, das	vær, et	weather
Whisky, der	whisky, en	whiskey
widerlich	ekkel	disgusting
Widerstand, der	motstand, en	resistance
wieder	igjen	again
wiederholen	å gjenta	(to) repeat
wiegen	å veie	(to) weigh
wild	vill	wild
Wille, der	vilje, en	will
Wimper, die	øyevippe, en	eyelash
Wind, der	vind, en	wind
Windel, die	bleie, en/ei	diaper
Winkel, der	vinkel, en	angle
Winter, der	vinter, en	winter
Wirbelsäule, die	virvelsøyle, en	backbone
wirksam	effektiv	effective
Wirtschaft, die	økonomi, en	economy
Wirtschaftswissenschaften (plu)	økonomi, en	economics (plu)
Wissen, das	viten, en	knowledge
wissenschaftlich	vitenskapelig	scientific

19. Alphabetisch sortierte Wortsammlung

Witz, der	morsomhet, en/ei	joke
Woche, die	uke, en/ei	week
Wochenende, das	weekend, en	weekend
wohnen	å bo	(to) live
Wohnmobil, das	bobil, en	camper
Wohnsiedlung, die	boligstrøk, et	housing estate
Wohnung, die	leilighet, en/ei	apartment
Wohnzimmer, das	stue, en/ei	living room
Wolf, der	ulv, en	wolf
Wolke, die	sky, en/ei	cloud
wolkenlos	skyfri	clear
Wolle, die	ull, en	wool
Wörterbuch, das	ordbok, en/ei	dictionary
wörtlich	ordrett	verbatim
Wortschatz, der	ordforråd, et	vocabulary
Wunsch, der	ønske, et	desire
wünschen	å ønske	(to) wish
Würfel, der	kube, en	cube
Wurzel, die	rot, en	root
Wüste, die	ørken, en	desert
Wut, die	raseri, et	fury
Zahl, die	tall, et	figure
zählen	å telle	(to) count
zahlreich	tallrik	numerous
Zahlung, die	betaling, en	payment
Zahn, der	tann, en/ei	tooth
Zahnarzt/ -ärztin	tannlege, en	dentist
Zähne putzen	å pusse	(to) brush one's teeth
Zange, die	tang, en	pliers
Zauber, der	trylleri, et	magic
Zaun, der	gjerde, et	fence
zehn	ti	ten
zeichnen	å tegne	(to) draw
zeigen	å vise	(to) show
Zeit, die	tid, en/ei	time
Zeitalter, das	tidsalder, en	age
zeitgenössisch	samtidig	contemporary
Zeitung, die	avis, en/ei	newspaper
Zelt, das	telt, et	tent
zelten	å campe	(to) camp
Zeltplatz, der	teltplass, en	campsite
zentral	sentral	central
Zentrum, das	sentrum, et	center
Zeremonie, die	seremoni, en	ceremony
zerstören	å destruere	(to) destroy
Zertifikat, das	sertifikat, et	certificate
Zeuge, Zeugin	vitne, et	witness
Ziege, die	geit, en	goat
ziehen	å dra	(to) pull
Ziel, das	mål, et	aim / goal

19. Alphabetisch sortierte Wortsammlung

Zigarette, die	sigarett, en	cigarette
Zimmer, das	rom, et	room
Zimt, der	kanel, en	cinnamon
Zins, der	rente, en/ei	interest
Zitat, das	sitat, et	quotation
zittern	å skjelve	(to) shake
Zoll, der	toll, en	customs
Zone, die	sone, en/ei	zone
Zoo, der	dyrehage, en	zoo
Zucker, der	sukker, et	sugar
Zufall, der	tilfeldighet, en/ei	coincidence
zufrieden	fornøyd	satisfied
Zug, der	tog, et	train
Zugang, der	atkomst, en	access
zugeben	å erkjenne	(to) confess
zuhören	å høre på	(to) listen
Zukunft, die	fremtid, en/ei	future
Zunahme, die	tilskudd, et	increase
zunehmen	å stige opp	(to) increase
Zunge, die	tunge, en/ei	tongue
zurück	tilbake	back
Zusammenarbeit, die	samarbeid, et	cooperation
zusammenfassen	å oppsummere	(to) summarize
Zusammenfassung, die	oppsummering, en/ei	summary
zuschauen	å se på	(to) watch
zuverlässig	pålitelig	reliable
zwanzig	tjue	twenty
zwei	to	two
zweimal	to ganger	twice
zweite(r, s)	annen	second
zweiundzwanzig	tjueto	twenty-two
Zwiebel, die	løk, en	onion
Zwilling, der	tvilling, en	twin
zwischen	mellom	between
zwölf	tolv	twelve
Zylinder, der	sylinder, en	cylinder
Zypern	Kypros	Cyprus

© 2017 Oliver Pach
ISBN: 978-3-74316594-6